康有爲學術著作選

長興學記 桂學答問 萬木草堂口說

康有爲 著
樓宇烈 整理

中華書局

圖書在版編目(CIP)數據

長興學記;桂學答問;萬木草堂口説/康有爲著;樓宇烈整理. -北京:中華書局,1988.3(2012.7 重印)

(康有爲學術著作選)

ISBN 978-7-101-00026-9

Ⅰ.①長…②桂…③萬… Ⅱ.①康…②樓… Ⅲ.康有爲(1858~1927)-文集 Ⅳ.B258.1-53

中國版本圖書館 CIP 數據核字(2012)第 054113 號

康有爲學術著作選

長興學記　桂學答問

萬木草堂口説

康有爲 著

樓宇烈 整理

*

中 華 書 局 出 版 發 行

(北京市豐臺區太平橋西里 38 號　100073)

http://www.zhbc.com.cn

E-mail:zhbc@zhbc.com.cn

北京瑞古冠中印刷廠印刷

*

850×1168 毫米 1/32・9½印張・4 插頁・200 千字

1988 年 3 月第 1 版　2012 年 7 月北京第 2 次印刷

印數:3401-6400 册　定價:29.00 元

ISBN 978-7-101-00026-9

孔子降生後二千四百四十七秊

南海康先生口說　卷上

光緒丙申恭录

諸君借鈔借讀切不可轉手交與別人
恐有遺失尤不可塗污摺縐以昭珍重

硯盦謹白

中庸

中庸子思作。見漢書藝文志。此是孔孫孔伋也。
梁武有中庸疏。可知其來甚古。
宋儒表揭中庸最遠。然于孔子之道無與。
不偏不易。程子解中庸訓故之學。非孔子大義。
鄭康成注中庸。謂子思述聖祖之德。殆有口說相傳。
子思為曾子弟子。家語未足為據。以無證佐也。
孔子十九生伯魚。伯魚五十卒。子思未必在孔末年生。
子思十餘歲親受孔子之道。

長興學記

點校説明

一、長興學記，此書寫作並刻印於一八九一年。是年康有爲應陳千秋、梁啓超等人的請求，「開堂於長興里，講學，著長興學記以爲學規」。（康有爲自編年譜）康氏此書出版後影響頗大，多次翻印。一八九七年梁啓超應聘講學於湖南時務學堂時，重刻此書，並序曰：「邇者講學長沙，仁智茲愧，懼大道之統或墜於眇躬，乃敬將此書上石，以饋天下焉」。由此引起湖南保守派的激烈反對，湘潭葉德輝作長興學記駁義，進行批駁（葉文收入蘇輿編翼教叢編内）。此次整理以光緒壬辰（一八九二年）上海思求闕齋翻刻本爲底本，參校以光緒丙申（一八九六年）羊城（廣州）文陞閣校刊本及翼教叢編長興學記駁義引梁啓超丁酉（一八九七年）刻本。

二、桂學答問，此書作於光緒二十年（一八九四年）。是年康有爲因著書講學被議，遊於桂林。康氏應桂林士子之請，爲述讀書之次第及方法而成此書。此書有一九二九年顧頡剛重印鉛字標點本，但其中錯字、奪字甚多。此次整理時訪得原木刻本，即據之以爲點校底本。顧頡剛爲排印本所作之序有一定的參考價值，今特附於篇末。又，桂學答問刊出後，康有爲「尚慮學者疑其繁博」，於是「屬門人梁啓超，抽繹其條，以爲新學知道之助」。梁氏遵囑作學要十五則。此文是與桂學答問相輔之篇，因此這次作爲附録存於答問之後，以供參考。

三、萬木草堂口説，這是一八九一年至一八九七年間，康有爲在廣州萬木草堂講學時，學生們所記講義筆記的傳抄本。梁啓超在三十自述中説：「辛卯，余年十九，南海先生始講學於廣東省城長興里之萬木草堂。……先生爲講中國數千年來學術源流，歷史政治沿革得失，取萬國以比例推斷之。余與諸同學日劄記其講義，一生學問之得力，皆在此年。」康氏講學影響之深，於此可見一斑。因此，口説雖不是康氏親筆所著之書，而實爲研究康氏思想的重要材料。康氏講學題目所涉及的範圍十分廣泛，上下古今中外無不融會貫通。同時，作爲康氏維新變法理論基礎的幾部最重要的著作，如新學僞經考、孔子改制考、春秋董氏學、春秋學等均醞釀、編著、完成於這幾年的講學期間，有些且是組織學生一起編的（如孔子改制考）。康氏關於編著這些著作的指導思想，在他的講課內容中均有所反映。所以如將口説與上述各書合讀，很可以探索到康氏思想的發展脈絡或變化過程。

口説迄今未經整理刊印，目前能見到的傳抄本也僅有兩份：一爲廣州中山圖書館藏本，題爲南海康先生口説；一爲北京大學圖書館藏本，題爲萬木草堂口説。爲了見題即明康氏講學之時地，這次整理出版選取萬木草堂口説之名。現存這兩份口説抄本內容及編次基本相同，似係同出一源，可能都是據梁啓超等人當日劄記增補過録的，但其中也尚有不少的出入。中山圖書館藏本分裝兩册，封面題有「孔子降生後二千四百四十七年」、「光緒丙申（一八九六年）恭録」。有朱鈐四枚：一細長形，刻「萬木草堂學徒」六字；一方形，刻「黎祖健印」四字；一方形，刻「硯貽」二字；一長方形，刻「硯貽私印」四字。頁後有附白一則：「諸君借鈔借讀，切不可轉手交與別人，恐有遺失，尤不可塗污摺縐，以昭珍重。硯龕謹白」。下有「祖健」朱鈐一方。又，首頁下角朱鈐作「番禺黎祖健印」。按，「硯貽」、「硯盦」，均爲黎祖健之號，此傳抄本原來顯然是他的珍藏品。黎氏何年入萬木草堂已不可考，但由「萬木草堂學徒」印看，他是康氏當年弟子是無疑的。他後來且是改良派重要報刊之一知新報（由康廣仁、梁啓超等主編，一八九七年創刊於澳門）的主要撰稿人之一（見湯志鈞編戊戌變法人物傳稿增訂本下册附録十三）。北京大學圖書館藏本分裝爲三册，無任何説明文字，僅於每册封面署有「丁酉七月」四字。由此可知係抄録於一八九七年，後於中山圖書館抄本一年。

就篇幅説，丙申本比丁酉本多出約四分之一，在題目編次分合上也略有不同，今以丙申本題目編次爲序，列表以明之：

次序 \ 題目 \ 抄本	丙申本	丁酉本	説明
一	學術源流（分爲一——七節）	學術源流（分爲一——十節）	丁本第八節爲丙本所無。丁本九、十兩節丙本全合於第七節。
二	孔子改制（分爲一——二節）	孔子改制（分爲一——三節）	丁本第三節，丙本合於第二節。
三	洪範（不分節）	洪範（分爲一——二節）	

題目／抄本／次序	丙申本	丁酉本	説明
四	易	易	
五	禮制	禮制	
六	禮	禮	
七、	禘祫	禘祫	
八	禘嘗	禘嘗	
九	禮運	禮運	
十	王制（分爲一——二節）	王制（分爲一——二節）	丁酉本第一册終。
十一	中庸（分爲一——三節）	中庸（分爲一——五節）	丁本的二、三節，四、五節，丙本各合爲一節。
十二	諸子（分爲一——三節）	諸子（分爲一——四節）	丁本的三、四節，丙本合爲一節。

十三	列子		丁本列在最後第三十一。
十四	孟荀	孟荀	丁酉本接前諸子爲第十三。
十五	荀子兼言孟子（不分節）	荀子（分爲一——四節）	丁酉本爲第十四。
十六	春秋繁露（不分節）	春秋繁露（分爲一——二節）	丁本以後在第二十九又出春秋繁露二節，前後共爲四節。丙本則合爲一處並不分節。又丙申本上册終，丁酉本第二册終。
十七	漢書百官公卿表		丁酉本無此題。
十八	史記儒林傳		丁酉本無此題。
十九	史記兩漢儒林傳		丁酉本無此題。
二十	漢書藝文志	漢書藝文志	丁酉本接春秋繁露爲第十六
二十一	律曆（不分節）	律曆（分爲一——二節）。	丁酉本爲第十七。
二十二	樂	樂學	丁酉本爲第十八。
二十三	經策	經策	丁酉本爲第十九。

題目／抄本／次序	丙申本	丁酉本	說明
二十四	文章源流	文章源流	丁酉本爲第二十，此後並有文章一題，丙申本合於一題。
二十五	文學並講八股源流	文學	丁酉本爲第二十二。
二十六	論文	論文	丁酉本爲第二十三。
二十七	駢文（不分節）	駢文（分爲一——二節）	丁酉本爲第二十四。
二十八	賦學	賦學	丁酉本爲第二十五。
二十九	講王介甫百年無事劄子、蘇子瞻代張方平諫用兵書	講王介甫百年無事劄子、蘇子瞻代張方平諫用兵書	丁酉本爲第二十六。
三十	八股源流	八股源流	丁酉本爲第二十七。
三十一	袁稿	袁稿	丁酉本爲第二十八。丁本此下尚有三題：二十九春秋繁露，三十墨子（丙本歸於諸子第二中，三十一列子。丁酉本第三册終。

三十二	格物	自此題以下丁酉本無。	
三十三	勵節		
三十四	辨惑　據德		
三十五	主靜出倪　養心不動		
三十六	變化氣質　檢攝威儀		
三十七	孝弟任卹　宣教　同體饑溺		
三十八	漢晉六朝唐宋學派		
三十九	宋元學派		
四十	明國朝學派		
四十一	正蒙		
四十二	通書		丙申本下冊終

按，丙申本現裝訂次序頗有錯亂，尤以下冊爲甚。經核查，原抄錄者在每頁紙邊均記有舊時帳目用數字，上下冊分別編號，上冊由〡至〧〇（一——七〇），下冊由〡至〤〨（一——四八）。可是今裝訂本則

將下冊原編號九至十一頁之樂部分，纂入上冊禮（原編號三十一）與禘祫（原編號三十二）之間。至於下冊，按原編號應從漢書百官公卿表始，而終於通書，而今裝訂本則將上冊春秋繁露部分移爲下冊之始，接之以漢晉六朝唐宋學派至通書部分（表中三十八至四十二），以後又接以格物至孝弟部分（表中三十二——三十七），然後再接以漢書百官公卿表至袁稿部分（表中十七至三十一），錯亂甚多。上表中所列次序，均已按原編號改正。又按，由上表可考見，丁酉本第一、二册相當於丙申本上册內容，而第三册則只有丙申本下册之前一半，自格物下十一題全無。故疑丁酉本當日似尚有第四册，其内容相當於丙申本下册後一半，此或在北京大學圖書館入藏時已闕失。

口説是語録體式樣，每條文字均十分簡略，然在不同題目或同一題目下，却又時有重複之條目出現，顯然未經仔細整理。不過在這些重複的條目中，除少數完全一樣外，大多數有詳略的不同，或説明問題的角度不同等，有互相參閲，以了解康氏意旨所在的作用。又，現存兩種傳抄本在同一題目下，其條目次序、多少也常有出入，卽使同一條目，在文字表達上也不盡相同。這些也有助於互補所闕，互訂所誤的作用。此次整理以丙申本爲底本，將兩本相異之處一一録出，於每條下出校記説明之。又，爲了使讀者得窺兩抄本的原貌，凡丙申本有而丁酉本無，或丁酉本有而丙申本無的條目，均按原編次録存，並於條下注明之，其中所有重複之處，暫時亦均仍其舊。文中明顯錯字則隨手改正之，不另出校記。

樓宇烈　一九八五年二月

目錄

長興學記

學記

鄙人戇愚，文質無底，雖嘗鑽勵，粗知記誦，非能知學也。二三子以踸踔之志，斐然之資，蕩滌汙澤，噬肯來遊，鄙人無以告焉。然嘗侍九江之末席，聞大賢之餘論，謹誦所聞，爲二三子言之。二三子之來遊，非爲學耶？學者，效也。有所不知，效人之所知；有所不能，效人之所能。若已知已能，共知共能，則不必學；不知不能，而欲知欲能，故當勉強也。董子曰：「勉強學問，則聞見博而知益明；勉强行道，則行日起而有功也。」

夫性者，受天命之自然，至順者也。不獨人有之，禽獸有之，草木亦有之。附子性熱，大黃性涼是也。若名之曰人，性必不遠，故孔子曰：「性相近也。」孟子「性善」之説，有爲而言；荀子「性惡」之説，有激而發；告子「生之謂性」，自是確論，與孔子説合，但發之未透。使告子書存，當有可觀。王充、荀悦、韓愈即發揮其説。程子、張子、朱子分性爲二，有氣質，有義理，研辨較精。仍分爲二者，蓋附會孟子。實則性全是氣質，所謂義理，自氣質出，不得强分也。余別有論性篇。夫相近，則平等之謂。故有性無學，人人相等，同是食味別聲被色，無所謂小人，無所謂大人也。有性無學，則人與禽獸相等，同是視聽運動，無人禽之別也。

學也者，由人爲之勉強，至逆者也。不獨土石不能，草木不能，禽獸之靈者亦不能也。鸚鵡能言，舞馬能舞，不能傳授擴充，故無師友之相長，無靈思之相觸，故安于其愚，而爲人賤弱也。犀象至龐大，人能御之，虎豹鷙猛，人能伏之，惟其任智而知學也。順而率性者愚，逆而強學者智，故學者惟人能之，所以戴天履地，而獨貴于萬物也。之京師者，能爲燕語，入吳、越者，能作吳言，遊于貴人之門者，其輿服甚都矣，其外有以灌輸之也。終身不出鄉，老于山居谷汲者，雖饒衍，樸鄙可笑，蔽其所見而無所學也。況以天地爲之居，以萬物爲之輿，以聖人爲之師者乎？

同是物也，人能學則貴異于萬物矣；同是人也，能學則異于常人矣；同是學人也，博學則勝于陋學矣；同是博學，通于宙合則勝于一方矣，通于百業則勝于一隅矣。通天人之故，極陰陽之變，則勝于循常蹈故，拘文牽義者矣。故人所以異于人者，在勉強學問而已。夫勉強爲學，務在逆乎常緯，順人之常。有耳目身體，則有聲色起居之慾，非逆不能制也；順人之常，有心思識想，則有私利隘近之患，非逆不能擴也。人之常俗，自貴相賤，人之常境，自善相高，造作論說，制成事業，與接爲搆，而目惑熒而心洽就。其爲是俗，非一人也，積千萬人，積億兆人，積京陔秭壤溝人，于是黨類立矣。其爲是俗，非一時也，積日月年，積百十年，積千萬年，于是積習深矣。欲矯然易之，非至逆安能哉？故其逆彌甚者，其學愈至，其遠于人愈甚，故所貴勉強行道也。大戴保傅篇曰：「胡越之人，生而同聲，嗜欲不異，及其長而成俗也，累數譯而不能通。」故孔子曰：「習相遠。」習卽學也，惟其學相遠，故人與禽獸相遠，人與人相遠，學人與學人相遠。其相遠之道里，不啻百十里也，不啻千萬里也，不啻億兆里，至于無可計議，無可知識里也。今譬若堯、舜之與秦政、隋煬，周、孔之與張獻忠、李自成，相去之遠，巧歷豈能算之哉？吾黨嚻然操簡畢，被章縫，而爲士人，其得天厚矣。亦勉于學思，以異于常人而已。

然學也者，浩然而博，矯然而異，務逆于常，將何所歸乎？夫所以能學者人也，人之所以爲人者仁也。孟子曰：「人者仁也。」荀子曰：「人主仁心設焉，知其役也。」董子曰：「仁者人也，義者我也。」自黃帝、堯、舜開物成務，以厚生民，周公、孔子垂學立教，以迪來士，皆以爲仁也。旁及異教，佛氏之普度，皆爲仁也。故天下未有去仁而能爲人者也。虎狼鷹鸇，號稱不仁，而未嘗食其類，則亦仁也。人莫不愛其身，則知愛父母，其本也。推之天下，其流也有遠近之別耳，其爲仁一也。是故，其仁小者則爲小人，其仁大者則爲大人。故孝弟于家者，仁之本也；睦婣于族者，仁之充也；任恤于鄉者，仁之廣也。若能流惠于邑，則仁大矣；能推恩于國，則仁益遠矣；能錫類于天下，仁已至矣。記曰：「凡有血氣之物，莫不有知，有知之物，莫不知愛其類。」聖人至仁，亦僅能自愛其類，不能及物。爲人亦爲我也，所謂仁至義盡也。夫即能仁及天下，亦僅能自愛其類，盡乎人道耳。吾仁亦有所限，方自慊然，豈爲高遠哉？孔子曰：「我欲仁斯仁至矣！」先師朱先生曰：「伯夷之清易，伊尹之任難，故學者學爲仁而已。」若不行仁，則不爲人，且不得爲知愛同類之鳥獸，可不聳哉！

孔子曰：「學之不講，是吾憂也。」陸子曰：「學者一人抵當流俗不去。」故曾子謂以文會友，以友輔仁，朋友講習磨勵激發不可寡矣。顧亭林鑑晚明講學之弊，乃曰：「今日祇當著書，不當講學。」于是後進沿流以講學爲大戒。江藩謂「劉台拱言義理而不講學，所以可取。」其悖謬如此。近世著書，獵奇炫博，于人心世道絕無所關。戴震死時乃曰：「至此平日所讀之書，皆不能記，方知義理之學可以養心。」段玉裁曰：「今日氣節壞，政事蕪，皆由不講學之過。」此與王衍〔一〕之悔清談無異。故國朝讀書之博，風俗之

〔一〕「王衍」原誤作「王戎」，據丙申本及翼教叢編長興學記駁義引梁啓超丁酉刻本校改。

壞，亭林爲功之首，亦罪之魁也。今與二三子剪除棘荆，變易陋習，昌言追孔子講學之舊。若其求仁之方，爲學之門，當以次告也。

從上聖賢，開義甚廣，近世儒先，學規良多。或有爲而言，或因時立教，或便于入門而歸宿未精，或偏重一義而該舉未備。鄙人深思古義，綜約教恉，下學上達，原始要終，尊德道學，由內及外，羣言淆亂則折衷于洙、泗之聖，末世昏濁則上探于三代之英。道器兼包，本末並舉，蓋皆人道之宜，天理之節，始于爲士，終于爲聖，由斯道矣，諸子勖哉！

天下道術至衆，以孔子爲折衷；孔子言論至多，以論語爲可尊；論語之義理至廣，以「志于道，據于德，依于仁，游于藝」，四言爲至該。今舉四言爲綱，分注條目，以示入德焉。

志于道。道之説至歧矣，謹按孔子繫易曰：「立天之道曰陰與陽，立地之道曰柔與剛，立人之道曰仁與義。」然則，道者仁義而已；志者，志于爲仁義之道。孟子曰：「居惡在，仁是也；路惡在，義是也」，指點最爲直捷。所以志之，凡有四目：

一曰格物。格，扞格也。物，外物也。言爲學之始，首在扞格外物也。樂記曰：「人生而靜，天之性也，感于物而動，性之欲也。物至知至，而後好惡形焉。好惡無節于內，知誘于外，不能反中，天理滅矣。夫物之感人無窮，而人之好惡無節，則是物至而人化物也。人化物也者，滅天理而窮人欲也。」學記、樂記與大學同在小戴中，精粹如出一手，當爲確詁。孟子曰：「耳目之官，不思而蔽于物，物交物，則引之而已。」「先立其大者，則其小者不能奪也，斯爲大人而已」。大學爲大人之學，大人在不爲物所引奪，非扞格外物而何？朱子述程子之學，主涵養用敬，又中庸章句云：「非存心無以致知。」即扞格外物，而後能致知也。大恉已合，不過一時誤解耳。夫學者如牛毛，成者如麟角，成學之難，由于外物所引也。高科美官，貨賄什器，舉目皆是，習之數十年，焚之千萬人，非有勇猛之力，精進之功，摧陷廓清，比于武事，豈能格之哉？學者當視之如毒蛇猛虎，大火怨賊，念念在兹，芟除洗伐，而後能成金剛不壞身也。用佛氏說，儒書朱子有之。此是學者入門第一功夫。道者修玄，佛氏鍊魂，皆有堅定之力，而後能入道，豈吾儒可以從容得之乎？若大端有立，則清明在躬，志氣如神，其于爲學，思過半矣。若稍游移，則終身無入道之日，尚其勖哉？大學以格物爲入門，鄭說固謬，朱子亦不得其解。豈有新學入門之始，而令窮極天下之物理哉？且物理亦無窮盡之日，宜來陽明格竹之疑也。且格，至也；物，猶事也，訓至事爲窮理，展轉乃能相通，教學首條，無此深强，故今用司馬公之說。

二曰厲節。節者，假借于竹，有所節止之謂。天道尚圓，人道尚方。圓首以爲智，方足以爲行。不圓則不能備物理，不方則不能立人道。記稱「行有格」，又稱「砥礪廉隅」；論語稱「臨大節而不奪」；傳稱「聖達節，次守節，下失節」；宋廣平曰：「名節至重」；陳白沙曰：「名節者，道之藩籬」；顧涇陽曰：「學者宜從狂狷起脚，從中行歇脚。」後漢晚明之儒，皆以氣節自厲，深可慕尚。勁挺有立，剛毅近仁，勇者强矯，務在任道。若卑污柔懦，終難振起，願與二三子厲之。

三曰辨惑。外内清肅，于是冰雪聰明矣。然大道以多歧而亡，學術以小辨而惑。凡近似于道而實非道者，積習既久，最易惑人，學者嚴辨之。孔子曰：「惡紫之奪朱，惡鄭聲之亂雅樂，惡鄉原之亂德。」夫嘐嘐然曰古之人，古之人，夷考其行而不掩，孟子取之。居之似忠信，行之似廉潔，非之無非，刺之無刺，自以爲是，而孔子、孟子深惡而痛絶之。以其同乎流俗，合乎污世也，吾黨辨之哉！莊子曰：「魚相忘于江湖，人相忘于道術。」人性易緣有所先入，則終身惑之。且雖小道，持之有故，立之有黨，新學胸無所主，鮮不蔽之。及其用力既深，不忍舍去，此所以陷溺滅頂而無悔也。近世聲音訓詁之學，則所謂小言破道，足收小學之益，決不能冒大道之傳，則辨之不足辨也。

四曰愼獨。克己修慝，學之要也。然克修于已發之後，不若戒愼于未發之前，不費搜捕，自能惺惺。中庸首陳天性之本，極位育之能，而下手專在愼獨。大學同之，此子思獨傳之心法。聖學無單傳秘訣，如此發明，眞是單傳密旨。子思十字打開以告萬世，功莫大焉！若能用此，過則有之，吾信其必不爲惡矣。劉蕺山標爲宗旨，以救王學末流。美哉吾黨！得子思傳授，欣喜順受，當何如耶？

據于德。皋陶稱九德，洪範稱三德，周官稱六德，紬循其義，如堯典「欽明文思安安」之類。于文，直心爲德，則德者心之美也。韓昌黎曰：「足于己，無待于外之謂德」，則德者得也。卽大學「定靜安慮而後能得也」。得一善則拳拳服膺，可謂據矣。所以據之，其目有四：

一曰主靜出倪。學者既能愼獨，則清虛中平，德性漸融，但苦強制力索之功，無優游泮奐之趣。夫行道當用勉強，而入德宜階自然。呂東萊曰：「非全放下不能湊泊。」周子以主靜立人極，陳白沙于靜中養出端倪，故云得此把柄入手，則天地我立，萬化我出，而宇宙在我矣。尚何暇泥塗軒冕，而錙塵金玉哉？蓋自得之功，全在養出端倪，卽孟子所謂逢原也。若能保守，則浩浩萬化，卷舒自在矣。

二曰養心不動。學記曰：「知類通達，強立不反」；易曰：「君子以獨立不懼，遯世无悶」；孟子曰：「我善養吾浩然之氣」，又曰：「我四十不動心。」人之生世，稱譏，苦樂、毁譽、得失，釋氏謂之八風，八風不動，入三摩地。朱子謂：「後世做聖人難，縛手縛脚，無不動之學故也。」必通天人之故，昭曠無翳，超出萬類。故人貌而天心，猶恐血氣未能融液，將死生患難，體驗在身，在有如無，視危如安。至於臨深崖，足二分垂在外，從容談笑，其庶幾乎！死生不知，則毁譽謗訕如蚊虻之過耳，豈復省識？故行吾心之安，雖天下謗之而不顧，然後可以當大任也。學者有伊尹之志，若學不至此，猶是婞婟囁嚅，閹然媚世，終未能成。

三曰變化氣質。學既成矣，及其發用，猶有氣質之偏，亟當磨礲浸潤，底於純和。昔朱子論謝上蔡、陸子靜謂：「無欲之上，尚隔氣質一層。」呂東萊少時氣質極粗，及讀論語至「躬自厚而薄責於人」，于是痛自變改。故朱子曰：「學如伯恭，始得謂之變化氣質。」考后夔教胄，惟以聲樂，曰剛而無虐，簡而無傲。臯陶之九德，洪範之三德，皆以克其偏也。大學正心修身之傳，明何瑭以爲變化氣質之學，誠爲確詁。心戒其有所，身戒其有所，可謂直捷指出矣。中庸之「發而皆中節謂之和」，亦變化氣質也。劉元城之學不妄語，七年不得；謝上蔡三年治一矜字；薛文清二十年治一怒字，皆學者之法也。若氣質不和，發用偏頗，害事不少，願共勉焉。

四曰檢攝威儀。威儀爲身外事，古人何其重之也。劉康公以威儀爲定命之符。孟子曰：「蹶者趨者，是氣也，而反動其心。」由此觀之，其于養心，不爲無繫矣。孔子貴動之以禮，曾子貴動容貌、正顔色，詩詠彼都人士；北宮文子稱容止可觀，進退可度；霍光出入禁闥，皆有常處，不失尺寸，遂荷伊周之任；何晏、鄧颺行步顧影，鬼幽鬼躁，不得其死。鑑觀先史，爲我蓍龜，諸君子共學，當暑不得袒裼，相見必以長衣，容止尚温文，語言去樸鄙，出入趨翔，尤宜端重。鄙人雖非安定，二三子于元發仲車豈有讓焉？朋友攸攝，僕夫敢告，若城闕佻達之行，見刺于子衿；牀笫媟嬻之言，不踰于門閾。蒲博爲牧奴之戲，筐篋乃家人之事，至于鶯粟尤爲妖物，此皆士類所不齒，宜有郊遂之移流，吾黨自能遠絕，無煩忠告也。

依于仁。依者，如衣之附人。人而無衣，則爲倮蟲，人而不仁，亦爲一倮蟲而已。凡所以爲學，皆以爲仁也。共敘有四：

一曰敦行孝弟。有子曰：「孝弟者，其爲人之本。」以人之所自來，仁之所至親也。屬毛離裏，具有至性，不待教學。若薄于所親，是謂悖逆，其有較資財而不爲養，縱乖戾而不爲懽者，其本已謬，不足復與共學也。

二曰崇尚任恤。史遷稱任俠。然俠尚意氣，恩怨太明。任恤則相救相賙，相親相葬，周公之所尊也。其人能任于朋友，必能忠于其君也；能恤于鄉黨，必能惠于其國也。若坐視朋友婣黨之患難，甚或深言正色以陰耡之，則亦將賣國而不動其心也。其人不任者，必不忠；不恤者，必不厚，吾不欲觀之矣。

三曰廣宣教惠。仁爲相人偶之義，故貴於能羣。羊能羣者也，故善、美、義、羨皆從之。犬不羣者也，故獄、獨等字從之。吾既爲人，非斯人之徒與而誰與？曰孤曰獨，惟鬼神之道則然，非人道也。岩處奇士之行，寡過獨善，其能比于木石乎？故胡文忠曰：「今日所難得者，是忠肝熱血人。」周官六行之賓興，皆忠肝熱血人也。即佛氏空寂，亦言若不普度衆生，誓不成佛，未有以自了爲美者。後世以老、楊之學託于孔氏，于是下者營私，上者獨善。出而任事者，皆貪狡無恥之人，而生民無所託命，則教之中變也。今上原周、孔之意，推行仁道，期易天下，使風氣丕變。先覺之任，人人有之，展轉牖人，即爲功德，推之既廣，是亦爲政，則志士仁人講學之責也。

四曰同體飢溺。吾與斯人同出于天，而親同；吾與禹、稷、伊尹同其耳目手足，而義同。吾之不如伊尹、禹、稷，可恥也；吾之不能仁親，可媿也。顏子曰：「舜何人也，予何人也？」有爲者亦若是，然先正之美言，學者將疑其高遠而不可幾也。夫反而求之我，豈無飢溺時乎？我有飢溺，望人拯之，人有飢溺，我坐視之，雖禽獸其忍之哉？故同體飢溺，不過推心稍廣而已，學者無河、漢之也。

游于藝。周官六藝爲：禮、樂、射、御、書、數，漢志六藝爲：易、書、詩、禮、樂、春秋，小學附焉。其業不同，古今殊異。要惟藝者，道術之稱，後世文業日繁，道術蓋博。孟子曰：「博學而詳說之。」事理本末，切于人道，皆學者所不能遺。今總該兼攬，分爲學目，備列于下：

一曰義理之學。義者，人事之宜；理者，天道之條。本于天，成于勢，積于人，故有天命之理，有人立之義。天命之理，天下共之，凡人道所不能外者也；人立之義，與時推移，如五行之遞迭，相重輕者也，原于孔子，析于宋賢。然宋賢之義理，特義理之一端也，今但推本于孔子。

二曰經世之學。易曰：「吉凶與民同患」，孔子曰：「吾非斯人之徒與，而誰與？」既不能不與，則同其患，當經營之。莊生曰：「春秋經世，先王之志。」故孔子作春秋，專以經世也，惟莊生知之。今本之孔子，上推三代，列爲沿革，至其損益，則自漢至國朝，各有得失。荀子欲法後王，故經世之學，令今可行，務通變宜民。雖舜、禹復生，無以易此。

三曰考據之學。無徵不信，則當有據；不知無作，則當有考，百學皆然。經學、史學、掌故之學，其大者也。瑣者爲之，務碎義逃難，便辭巧說，則博而寡要，勞而鮮功。賢者識其大，是在高識之士，凡義理經世，不關施行，徒辨證者，歸考據類。

四曰詞章之學。孔子曰：「言之無文，行之不遠。」故四科之列，文與學並。戰國以降，辨說蠭起；西京而後，文體浩繁。世既競尚，不能不通。今釐爲二體：曰文，曰筆。有韻者文也，無韻者筆也。筆有二體：曰散，曰駢。文有二體：曰銘贊，曰詩賦。銘贊本異而後同，詩賦古合而今分。駢散之諧協者，亦曰文；詩賦之單行者，亦爲筆。蓋韻者非徒句末疊韻之謂，五色相宜，八音協暢是也。

學與時異，周人有六藝之學，爲公學；有專官之學，爲私學，皆經世之學也。漢人皆經學，六朝、隋、唐人多詞學，宋、明人多義理學，國朝人多考據學，要不出此四者。三代既遠，學術日異，若復古制，非朝廷令甲，不能遽言。今因先正遺說，立此四目，以爲通學。

欲復古制，切于人事，便于經世，周人六藝之學最美矣。但射御二者，于今無用，宜酌易之。今取人事至切，經世通用者，一曰圖，一曰鎗，補之，庶足爲國家之用，不謂迂疏也。馬端臨曰：「古者户口少而才智之民多，今户口多而才智之民少，六藝不興故也。」論此六者，以爲先驅，俟令甲推行，才民自廣，豈特吾黨之區區耶！

補六藝之學

一曰禮。古之人士，日以習禮爲學，故孔子于禮曰執禮。秦、漢之後，禮衰樂壞，劉昆行之以爲異事，蓋禮之廢久矣。但禮爲人用，務從時王，今學者研鑽禮經，或有深邃，行于今制，則瞠目不知，其失容多矣。今擇士人宜行者，與諸子以時習焉。

朝廷之禮　大朝引見、召見、立班、宣讀是也。

祭祀之禮　陪祭、祭先、祭神、謁告是也。

賓客之禮　內外上下，諸相見禮是也，奉使附焉。

其冠昏喪紀，閨門之禮，並以時講習。以大清會典、大清通禮爲據。其時俗通用，不求變俗，則酌從焉。若夫儀禮，可編成儀注以習之。

二曰樂。樂學廢亡久矣，漢時猶有鼓吹諸生，及雅歌八篇，今並亡之。于是樂學專屬之倡優，淫艷凶邪，爲莊士所不道。今欲復樂，學古人遺跡，猶可推求。番禺陳蘭甫京卿聲律通考據荀勗笛，開元樂譜以追古樂，披析甚精。今據之以攷欽定律呂正義續編分樂音、樂器、樂舞三端，俟大備樂器考定之。然古者禮樂不去身，士無故不撤琴瑟。蔡邕曰：「樂以聲爲主」，房庶曰：「以今之器，采古之聲，亦何不可？」今擬先購鐘、磬、鼓、琴、瑟、箎數事，以時習之，以宣血氣而導和平，庶幾不失古人以樂爲教之意，亦安定遺法也。

三曰書。保氏教國子以六書，小史掌達書名于四方。漢制太史課學童諷籀文九千字，得補吏，通六體書者，補令史。今上自鐘鼎古文，中爲篆隸，下爲真草，凡古今沿革，中外通行之書，皆學者所宜兼通也。

四曰數。數學舉目皆是，至切用矣。測天製器，尤不可少。近儒多通之，而學者苦其繁深。其實既解歸除，即可學開方八線橢圓矣。近用代數微積分，尤爲徑捷。阿爾熱八達譯本東來，不必叱爲遠夷異學也。

五曰圖。圖譜之學久亡，不知書求其理，圖求其形，用莫切矣。昔人云，登高能賦，可爲大夫，吾謂登高能圖，可爲士矣。圖學從數學入，故從其後。

六曰鎗。古者男子生而懸弧，長而習射，蓋上則爲將帥，下則爲卒伍，寓武備于文事，無之非射，故一人有一人之用也。國朝八旗考試，皆用騎射，別有火器營。今弓矢已無用，鎗即代弓矢者也。士皆宜習之，以備緩急之用。當以春秋佳日，擇地習學。詩曰：「赳赳武夫，公侯干城。」即閎夭散宜生也。後世人士，方領矩步，徒知諷誦，好仇腹心，豈能任乎？

凡六藝之學，皆以致用也。古者道藝既明，則有賓興，學通行修，則有徵聘。漢、晉、六朝猶存辟舉，淵明發絃歌之歎，即有彭澤之授；荀爽就平原之徵，即致三公之位。若在今日，必限出身，自非富逾陶、鄭〔一〕，家巨程、羅，安得黃霸爲郎，釋之還吏？雖有曾、史絜白，舒、向淵海，孟軻、荀卿之學，屈、賈、遷、固之文，若不俛首科目，研精舉業，上不得釋褐以行吾學，下不得一衿以救飢寒，遑論其它哉！故古者患行之不修，不患無位。今學行既通，尚有事焉。故上自豪俊之士，下至窮巷之夫，敝精費神，窮老

〔一〕丙申本「陶鄭」作「陶白」，是。

盡氣，沈溺終身而不知學者，蓋已多也。昔者醫祝史巫，皆執技以事上，今之科舉，衣食之由，世事教能，先王不禁，今仍存科舉之學，以俟來士。若以之喪志，則卑鄙可羞。其豪傑踸踔，學術通贍，則軒軒天地閒，白沙所謂海闊從魚躍，天空任鳥飛。若是區區，何足算哉，何足算哉！

科舉之學。

一曰經義。應制之體，不出莊雅，必通經史，乃厚本原。欲通原流，則百二名家不可不涉；欲知正體，則欽定四書文不可不讀。若醞釀深雅，不遠于古，而深合于時者，莫如管緘若稿，真如周公之禮，大鑒之禪，範圍一時，深可師法。五經之文，略異四書。綜觀時人，凡有二體：一曰注疏體，臚諸家義，而獨斷之，貴于深通該簡者也；一曰騷選體，集奇文奥句，而精鍊之，貴于奥博瓌麗者也。

二曰策問。擇要而對，貴有剪裁，旁通其情，深忌鈔寫。加以文筆，自見雅裁。文筆之用，厥有二者：散文爲上，史通爲宜，施用有當，毋妄爲也。若大雅奇才，豈限成例？至于廷對，典重延攬，當直抒所學，上如仲舒，次若劉蕡。告君伊始，豈可鈔比成文，講求楷法，以上負朝廷，下欺所學哉！且自兹之後，非階給御，無由上書，時命難知，萬無辜負。

三曰詩賦。應制體裁，祇有莊雅，試帖尤尚，原本唐賢，乃袪鄙俗。樫華之作，館閣合裁；養雲織陋，幸勿學步。律賦本於唐人，王棨、黄滔爲合，近人妙精斯製，吴錫麒、顧元熙稱宗。邇年風氣，蘭修尤上，若能樹骨選樓，采聲開府，則可馳騁時流，高睨上京矣！

四曰楷法。書雖末藝，當上通篆隸，導原六朝。余有廣藝舟雙楫，專論書法。至于應制，歐碑合作，虞恭、皇甫，斯爲正宗。裴鏡文碑，剛柔得體。小楷虛美，則樊府君塼塔銘尚焉；大楷端勁，則多寶塔、郭家廟宜焉。但加精熟，可掇華選矣。

凡上所論，本末兼該，巨細畢備，學者之藝，亦已足矣。尚有窮神知化之學，天地人物之故，以待通才，非學規之常，不復列焉。

講學。後世學術日繁，總其要歸，相與聚訟者，曰漢學，曰宋學而已。若宋學變爲心學，漢學變爲名物訓詁，又歧中之歧也。至于今日，則朱、陸並廢，舒、向俱亡，而新、歆之僞書爲經學，荆、舒之經義爲理學，于是漢學宋學皆亡，蓋晦盲否塞極矣。先師朱先生曰：「古之學術，歧于道外，今之學術，歧于道中。」董子曰：「正天地者視北辰，正嫌疑者視聖人。」嘗推本二學，皆出于孔子，孔子之學，有義理，有經世。宋學本于論語，而小戴之大學、中庸，及孟子佐之，朱子爲之嫡嗣。凡宋、明以來之學，皆其所統。宋、元、明及國朝學案，其衆子孫也，多于義理者也。漢學則本于春秋之公羊、穀梁，而小戴之王制，及荀子輔之，而以董仲舒爲公羊嫡嗣，劉向爲穀梁嫡嗣。凡漢學皆其所統。史記、兩漢君臣政議，其支派也，近于經世者也。余有漢儒學案，別今古之學，以配宋明學案，二派昭昭，以此求之，二學可得其統矣。夫義理卽德行也，經世卽政事也。言語文學，亦發明二者。然孔子之道大，弟子惟顏子得之，言行藏，論爲邦，皆是。子貢知之，智足以知聖。自餘皆因其質之所近，昌黎說。各得其一體。孟子說。孔子曰：「吾志在春秋，行在孝經。」何邵公公羊傳解詁序。以春秋傳商，孝經傳參孝經緯。孝經義理也，春秋經世也，二書皆曾子、子夏得之，莊三年公羊傳「魯子曰」，元郝經以魯子爲曾子之訛。按，昭十九年傳，又引樂正子春，子春是曾子弟子。又魯滅于秦，時漢有魯賜，七十弟子時無魯氏者。魯子之爲曾子，無可疑。又最老壽，弟子最衆，諸賢皆不及也。二家弟子，集爲論語，論語讖，鄭康成論語序，程子說。故論語者，曾子、子夏之學。葉水心謂，曾子將死時，以顏色、容貌、詞氣三者爲道，未爲知道。考大戴曾子十篇，皆修身寡過之言，終身戰兢，不敢稍失。論語中如以約鮮失，恥言過行之說，與立事篇同，必其門人記之。孔子曰：「參也魯。」蓋堅毅自守之士，其于孔子思易天下，吾爲東周，堅白緇湼之說，蓋槩乎無所得矣。子夏洒掃進退之教，喪明之哭，蓋當孔子没後，境詣尚狹小如此，故孟子謂曾子與子夏皆守約之人，誠篤論也。但長于文學，故詩、禮、春秋皆以傳之。子夏祇能傳經，故孟子以爲未得聖人之全，荀子以爲正衣冠，尊瞻視，嗛然終日而不言，亦似得其實也。夫言孔子之道，至可信者，莫若論語，然實出二子門人之手，其傳聞附會，誤當不少。觀速朽速貧之說，小斂裼襲之宜，傳聞已各異矣。此尚諉爲戴記之言，若子張論交，子游論本，問孝問仁，則人人異告；或退或進，則由、求殊科。以此推之，誠爲孔子之言，皆有爲而言也。朱子于程子語録，雖龜山、上蔡所記，猶以爲失程子之意，若朱子、陽明語録，以爲失其師之意者，後來辨正益繁。故使論語出于曾子、子夏之手，其偏失已多，況出于一再傳門人之所輯哉？畫象經再摹而失真，碑刻經數翻而易貌，以孔子大聖至仁，斯人是與，歎發鳳鳥，夢想周公，道長于齊、陳、宋、衛，迹疑于南子、公山，歎荷蕢之已果，追楚狂而與言，及今所記，猶見萬一，使顏子、子貢、子張操觚纂録，其精義妙道當何如耶？以伊尹之聖，孟子所記如是，而今論語自舉伊尹外，無一言及，其爲佚文無疑。傳守約之緒言，掩聖仁之大道，後來雖以孟子之恢廓，猶云「窮則獨善其身」，自是儒者守爲成法。蓋儒者隘其道，黔首薄其澤，自兹矣。今言孔子義理之學，悉推本六經，而易爲孔子自著之書，尤以爲宗，論語爲後世語錄之類，不盡可據。雖採論語，亦爲別白明之，庶幾孔子之仁，益光大昌洋，以發來學。莊生曰：「春秋經世，先王之志。」故孔子經世之學，在于春秋。春秋改制之義，著于公、穀。凡兩漢四百年，政事學術皆法焉，非如近時言經學者，僅爲士人口耳簡畢之用，朝廷之施行，概乎不相關也。禮學與春秋同條共貫，詩、書所述，交相發明，蓋孔子經世之學，略可窺焉。然古今遞嬗，事變日新，故春秋立三統之法，以貽後王。漢儒篤守春秋，知所尊矣。然三統之義，亦罕有心知其意，惟易明窮變通久之理，求孔子經世之學，亦以易爲歸焉。今與二三子通漢、宋之故，而一歸于孔子，譬猶道水自江河，則南北條皆可正也。本原既舉，則歷朝經世之學，自廿四史外，通鑑著治亂之統，通考詳沿革之故，及夫國朝掌故，外夷政俗，皆宜考焉。宋、明義理之學，自朱子書外，陸、王心學爲別派，四朝學案爲薈萃，至于諸子學術，異教學派，亦當審焉。博稽而通其變，務致之用以求仁爲歸。若夫小學，則幼儀、書計、內則所存，原有二派。朱子小學，幼儀之裔，爾雅、說文學書之流，但爾雅、說文皆僞古文之學。漢志小學爲歆妄立，不足據也，但憑藉甚古，畧欲識字，未能驟廢，余爲證譌別白言之。若如近儒，白首鑽研，非徒聖學所不存，抑爲劉歆所欺紿，甚不智也。若朱子小學，則做人樣子，願共勉旃。下及文史術藝，並學者所不廢，以次論之，庶幾本末兼該焉。

說經。詩、書、禮、樂、易、春秋，是爲六經，見于經解，莊子、韓非子、史記儒林傳又名六藝。史遷曰：「言六藝者，皆折衷于孔子。」蓋六經皆孔子作也，詩、書、禮、樂，孔子藉先王之書而刪定之，至易與春秋，則全出孔子之筆。故孔子教人以詩、書、禮、樂，而易、春秋身後始太盛也。孔子之爲萬世師，在于制作六經，其改制之意，著于春秋。孔子早而從周，晚莫道不行，思告後王，于是改制，與顏子論四代，子張言十世是也。蓋周衰禮廢，諸子皆有改作之心。棘子成之惡文，老、莊之棄禮，墨子之尚儉，皆是。猶黄梨洲之有明夷待訪録，顧亭林之有日知録，事至平常，不足震訝。必知孔子改制六經，而後知孔子之道，所以集列聖之大成，賢于堯、舜，法于後王也。淮南子云：「殷變夏，周變殷，春秋變周。」三代之禮不同，以春秋爲繼周之一代，先秦、西漢之説皆如此。余有孔子改制考。二千年來，行三年喪，夏時選舉，同姓不婚之制，皆孔子之法，則春秋實統二千年爲一代也。必知春秋爲改制，而後可通六經也。漢興，詩三百五篇，傳齊、魯、韓三家；書二十八篇，在伏生；禮經十七篇，在高堂生，其記八十五篇，皆經之記也；樂散見于詩、禮，無經；易未經焚燒，傳于田何爲全書，無異論；春秋傳公羊、穀梁，皆立博士，去聖不遠，人無異説，洙、泗經學雖不光大，未有失也。至劉歆，挾校書之權，僞撰古文，雜亂諸經，于是有毛詩、周官、左氏春秋，僞經增多，杜林、衞宏傳之，二鄭、馬融扇之。鄭康成兼揉今古，盡亂家法，深入歆室，甘效死力，加以碩學高行，徒衆最盛。三國、六朝、隋、唐盡主鄭學，于是僞古文盛行，皆在劉歆籠中。宋儒時多異論，而不得其故，亦爲歆所豐蔀。國朝經學最盛，顧、閻、惠、戴、段、王盛言漢學，天下風靡，然日盤旋許、鄭肘下，而不自知。于是二千年皆爲歆學，孔子之經雖存，而實亡矣。諸儒用力雖勤，入蔀愈深，悖聖愈甚。猶之楚而北轍，緣木而求魚，可謂之新學，不可謂之漢學，況足與論夫子之學哉？既無學識，思以求勝，則大其言曰，欲知聖人之道，在通聖人之經，欲通聖人之經，在識諸經之字。于是古音古義之學，争出競奏，欲代聖統矣。以此求道，何異磨磚而欲作鏡，蒸沙而欲成飯哉？西漢之學，以禹貢行河，以三百五篇諫，以洪範說災異，皆實可施行。自歆始尚訓詁，以變異博士之學，段、王輩扇之，乃標樹漢學，聳動後生，沈溺天下，相率于無用，可爲太息也。今掃除歆之僞學，余有新學僞經考。由西漢諸博士，考先秦傳記子史，以證六經之本義。先通春秋，以知孔子之改制。于是禮學咸有條理，不至若鄭康成之言八禘六天，而禮可得而治矣。禮學既治，詩、書亦歸軌道矣。至于易者，義理之宗，變化之極，孔子天人之學在是，精深奧遠，經學于是終焉。皆著其大義，明義理之條貫，發經世之實效，開二千年之蔀，庶幾孔子之學復明于天下。

讀書。史、漢承三代之變，制度文章與後世近，而文義深古，學人鑽仰，終無盡期。自六朝、隋、唐學者傳業，尊與經並，史裁既創，且經說多存焉，尤足爲考據之助。蔚宗後漢，激厲名節，學者講求，可以入德。若詞章所用，駢散畢具，擢其典實，拾其香草，法其氣貌，誠藝林之淵海，文苑之澤藪也。故上而經世立身，有所取裁；中而考據詞章，有所掇拾；下而科舉之學，裁文對策，試帖律賦，亦倚爲府囿，足資漁獵，此真學者所宜精熟也。惟見學者讀之累年，僅知事蹟，餘無所得，由不能搴摘英華之故。昔顧亭林先生：「日課門生四人，登堂讀十三經及史、漢、六朝史，人二十篇，周而復始。」今用其法，與諸子輪日讀史，先以四史，如有餘日，則以晉書、南北史、隋書繼之。其中制度文章，經義史裁之美，俱爲摘出發明，學者一舉而通掌故，能考據，解詞章，三善俱備，于近世之學已爲小成矣。又近世學者，自易、書、詩、四書外，餘皆束閣，四傳四禮，惟左傳、禮記省文誦之，餘皆不觀。今與學者先讀四史，俾其頗知學問門徑，然後輪讀四禮四傳，隨于讀時發其恉義，學者一歲之中，未能該博，然能通四史四傳四禮。由董、劉而述春秋，因朱陸而求論語，深沈之以四朝學案，博考之以通鑑、通考，經史大義，聖道統緒，爲學本末，亦已得其綱領矣，進之大道，庶幾有基。

習禮。朔月月半，行相揖之儀，以鼓爲節。考鐘磬、吹管、撫琴，案開元詩譜而歌詩，升歌詩經三篇，閒歌國朝樂章三篇，笙入漢、魏詩三篇，散歌唐、宋詩，以管和之。禮畢投壺，論學而散。

論文。以三八日爲課。三日，課義理、經世、考據、詞章，其題各一。八日，課科舉之文。上八日，四書、五經義試帖各一；十八日，四書義策問、試帖各一；二十八日，四書義律賦、試帖各一，先期一日講藝焉。

日課。子夏日知，曾子日省，學者法也。日課之法，其目有七：曰讀書，曰養心，曰治身，曰執事，曰接人，曰時事，曰夷務。讀書則有專精，有涉獵二目。求于內，可得愆尤；求于外，宜有劄記。以朔望彙繳，商略得失，緝熙光明，庶幾日新。

四恥：

一恥無志。志于富貴，不志于仁，可恥也。

二恥狥俗。狥于風氣，不能卓立，可恥也。

三恥鄙吝。張南軒以鄙吝爲大惡。凡鄙吝者，天性必薄，爲富不仁，可恥也，宜拔其根。

四恥懦弱。曾子以懦弱爲庸人，見義不爲，可恥也。

孔子貴行己有恥。若有是四者，不能學道，顧深恥之。

光緒十七年二月，西樵康祖詒記于陀城長興里學舍。

陳千秋跋

孔子創造六經，改制聖法，傳于七十，以法後王。雖然大義昧没，心知其意者，蓋已寡矣。漢之學，發得春秋；宋、明之學，發得四書，二千年之治賴是矣。國朝諸儒，刳心絀性，而宋學亡；經師碎義逃難，而漢學亦亡。陵夷至道、咸之季，大盗猖狓，國命危阽，民生日顇，莫之振救，儒效既覩，而世變亦日新矣。吾師康先生，思聖道之衰，憫王制之缺，慨然發憤，思易天下，既絀之于國，乃講之于鄉。千秋與服領英秀，捧手請業，爰述斯記，以爲規言。其詞雖約，而治道經術之大，隱隱乎撥樾而光晶之；孔子之道，庶幾焕炳不蔽曶。同學諸子，請墨諸版，以告天下，庶綴學之士，知所趨嚮。推行漸廣，風氣漸移，生民之託命，或有賴焉。若更進而通天人之故，窮制作之原，則循誦斯編，又不過夫子之文章可得而聞也。弟子陳千秋謹跋。

梁啓超誌

在昔有漢學宋學之争，於今有中學西學之辨。究其終始，折中孔子而已。孔子創制法後，繙經演緯，俟聖不惑在大義，因時變通在微言。二宗既暢，條枏彌天。雖七十逾矣，孟、荀潤色於齊、楚；城旦苛政，圖書不淪於燒薪。然東京訓詁，代興經籍，道息宋世，老、楊奪統，仁愛義乖，陵夷至今，大患痛迫。南海先生憂之，講學長興里，著爲學記，昭示來兹。愛同類以及異類，推孔教以仁萬國。啓超幸以爝火之明，得日月之炤耀，遖者講學長沙，仁智兹媿，懼大道之統或墜於眇躬，乃敬將此書上石以饋天下焉。弟子梁啓超敬誌。

桂學答問

桂學答問序

光緒二十年秋，吾以著書講學被議，遊于桂林，居於風洞，過于桂山書院之堂，仰視楹桷，金題艶然，天藻絢爛，有「經明行修」四字，旁有板，録其詞曰：「同治十三年八月二十一日內閣奉上諭：康國器奏重修省會書院請頒匾額一摺。廣西省城向設秀峰、宣成、榕湖三書院，因年久傾圮，籌欵興修，現已一律工竣，著南書房翰林各書匾額一方，交該護撫祗領懸掛各書院，以示嘉惠士林至意，欽此。護理廣西巡撫布政使司布政使臣康國器敬刊。」凡一百十有八字。蓋穆宗毅皇帝所賜先臣請頒秀峰、宣成、榕湖三書院匾額之詔書，而先臣刊示士民者也。賜秀峯額曰「書巖津逮」，宣成額曰「道德陶鈞」，榕湖額曰「經明行修」。又仰視堂棟，粉白大書曰「同治十一年孟夏月，廣西巡撫劉長佑、布政使康國器建。」蓋先中丞公創建桂山書院之題也。先中丞公既護巡撫，修三書院，復以榕湖居太隘，不足容師弟子，乃另闢地桂山之陽，建桂山書院。工未就，而巡撫劉武愼公涖任，先公回布政司，故榕湖賜額移奉桂山講堂，而堂棟題名如此。予小子瞢下檮昧，疇昔撰先中丞公行狀，罔知修創各書院事，無以發揚盛德。今幸獲瞻視，既愧既喜，乃作乃悚，嚄唶嘆曰，先帝教誨桂人士，訓辭深厚，先公教惠桂人士，手澤濃渥若此哉！於今二十年，桂士彬彬，其舉人在今皇帝時再魁天下，而創作桂山書院以教惠之者，宜不能忘也。先中丞公既建書院，又置經史各書於院中，用惠來學。吾因攷宣成、秀峰、榕湖三書院，舊皆有書：宣成建最早，雍正中，巡撫李公紱穆堂修之，又藏書焉。見穆堂別稿有行知書院藏書檄及書目，省志失載。秀峰建雍正末，書則嘉慶初巡撫台公布置之。見省志。榕湖建道光中，稍後，書則池籥庭學使阿鏡泉按察儲之。見鄭方伯祖琛榕湖經舍碑記。先中丞公來粵時，則三書院均圮，榕湖書買最近，亦無存。因與中丞蘇公鳳文謀復之，馬平王通政拯適主榕湖講席，實總其成事。厥後桂山新書院成，遂移其書弆樓中，嗣是而中丞涂公宗瀛，張靖達公，沈公秉成，均續有捐書之美。書之藏在桂山，其稱名率而不改，故沈公述藏書目錄仍繫之榕湖經舍，蓋其所以開先而振起之者，亦粵西掌故一大事也。近者，巡撫馬公丕瑤玉山創開書局，藏各直省書於各郡，又於省垣刻經史書以惠多士，今中丞張公聯桂丹叔復有所增益。按察使胡公燏棻雲楣，鹽法道張公人駿安圃，請於中丞張公，因書局而創遜業堂，課士以經史古文辭，而移榕湖舊書併置局中。吾登樓而觀藏書，其聚珍一種，吾童年所摩挲者，猶能識之，蓋先公臬閩所刻，而挾之至桂，以贈多士者也。其他書則吾不知之矣。吾處風洞間，書局去所居尤近，暇輒與桂士讀書遜業堂者相過從，覩馬公所創書局，心向往之，又見公所書額聯，壁間規條，立法甚密，用心良苦；有用之書亦畧備；盛德在人，前未嘗有，多士望風，宜無不争先趨向矣。乃吾初入讀書堂，則蒼梧高茂才嘉仁伯慈爲余言，終歲除同肄業諸人，尠有來堂讀書者。吾聞而惜之，省垣如此，他郡可知矣。竊意多士蓋昧於讀書門徑，故仍裹足不前，殊失馬公暨諸公盛意。若爲疏通證明以誘之，既有書册，又識途徑，學者當亦未嘗無志於書也。既居風洞月餘，來問學者踵屨相接，口舌有不給，門人請寫出傳語之。吾永惟先帝「經明行修」之誨，思推先中丞公修學舍惠多士之意，與桂士有雅故焉，不敢固辭，敢妄陳説所聞以告多士。他日有英絶踔起之士，莘莘濟濟，其亦先中丞公之惠也，予小子豈有知耶！南海康祖詒恭紀。

桂學答問

天下之所宗師者孔子也，義理制度皆出于孔子，故學者學孔子而已。孔子去今三千年，其學何在？曰，在「六經」，夫人知之，故經學尊焉。凡爲孔子之學者，皆當學經學也；人人皆當學經學，而經學之書汗牛充棟，有窮老涉學而不得其門者，則經說亂之，僞文雜之。如泛海無舟，邈然望洋而歎；如適沙漠而無鄉導，倀倀然迷道而返，固也。然以迷道之故，遂舍孔子而不學，可乎？今爲學者覓駕海之航，訪導引之人，有孟子者，古今稱能學孔子，而宜可信者也。由孟子而學孔子，其時至近，其傳授至不遠，其道至正，宜不歧誤也。孟子于孔子無不學矣，而于「禹抑洪水，周公兼夷狄」，述及孔子，即舍五經而言春秋。于「禹惡旨酒，湯執中，文王視民如傷，武王不泄邇，不忘遠，周公思兼三王」，述及孔子，亦舍五經而言春秋。然則孔子雖有六經，而大道萃於春秋。若學孔子而不學春秋，是欲其入而閉之門也。

學春秋當從何入？有左氏者，有公羊、穀梁者，有以三傳束高閣，獨抱遺經究終始者，果誰氏之從也？曰，上折之于孟子，下折之于董子，可乎？孟子之言曰：「其事則齊桓、晉文，其文則史，其義則丘竊取之矣」。故學春秋者，在其義不在其事與文。然則公、穀是而左氏非也。孟子又曰：「春秋天子之事。」又述孔子之言曰：「知我罪我，其惟春秋。」惟公羊有「王魯改制」之說，董子爲漢世第一純儒，而有「孔子改制春秋當新王」之說。論衡曰：「文王之文傳于孔子，孔子之文傳于仲舒。」則春秋微言大義，多在公羊而不在穀梁也。孟子爲公羊專家之學，別見孟子爲公羊學考，此不詳。

春秋公羊之學，董子及胡母生傳之。董子之學見于繁露，胡母生之説傳于何休，故欲通公羊者讀何休之注，董子之春秋繁露。吾有春秋董氏學。有義有例有禮，要皆孔子所改之制。分而求之，則公羊可通而春秋亦可通矣。陳立公羊義疏，間有僞經，而徵引繁博，可看。此書見續皇清經解。劉氏逢祿，凌氏曙説公羊諸書，可看。見皇清經解。

孔子所以爲聖人，以其改制而曲成萬物，範圍萬世也。其心爲不忍人之仁，其制爲不忍人之政。仁道本于孝弟，則定爲人倫。仁術始于井田，則推爲王政。孟子發孔子之道最精，而大率發明此義，蓋本末精粗舉矣。春秋所以宜獨尊者，爲孔子改制之蹟在也。公羊、繁露所以宜專信者，爲孔子改制之説在也。能通春秋之制，則六經之説莫不同條而共貫，而孔子之大道可明矣。春秋成文數萬，其恉數千，皆大義也。漢人傳經皆通大義，非瑣屑訓詁名物也，故兩漢四百年，君臣上下制度議論，皆出公羊，以史記、漢書逐條求之可知也。苟能明孔子改制之微言大義，則周、秦諸子談道之是非出入，秦、漢以來二千年之義理制度所本，從違之得失，以及外夷之治亂强弱，天人之故，皆能別白而昭晰之。振其綱而求其條目，循其幹而理其枝葉，其道至約，而其功至宏矣。

公羊經傳並何注四本，桂林有刻本。春秋繁露四本，若聰敏之士得傳授而提要鈎元，數日可通改制之大義。或不得傳授，或天資少滯，能虛心講求，精思熟讀，亦不待一月，俱可通貫。提出孔子改制爲主，字字句句以此求之，自有悟徹之日。若于孔子微言大義有所通入，則把柄在手，天下古今羣書皆可破矣。豈非其道至約，其功至宏乎？吾有孔子改制考。專言公羊、繁露者，乃就至約至易言之，仍當廣通孔門諸學以爲證佐。穀梁同傳大義，當與公羊分別求之。有同經同義者，有同經異義者，有異經同義者，有異于公羊傳而同于何注者，其異雖多，若不泥其文而單舉其義，則無不同也。吾有公穀同義疏證

孔門後學有二大支：其一孟子也，人莫不讀孟子而不知爲公羊正傳也；其一荀子也，穀梁太祖也。孟子之義無一不與公羊合。穀梁則申公傳自荀卿，其義亦無一不相合，故當讀孟子、荀子。孟子無人不讀，但今讀法當別。太史公以孟子、荀子同傳，又稱孟子、荀卿之徒以學顯于當世，自唐以前，無不二子並稱。至昌黎少抑之，宋人以荀子言性惡，乃始抑荀而獨尊孟。然宋儒言變化氣質之性，卽荀子之說，何得暗用之而顯闢之？蓋孟子重于心，荀子重于學，孟子近陸，荀子近朱，聖學原有此二派，不可偏廢。而羣經多傳自荀子，其功尤大；亦猶羣經皆注于朱子，立于學官也。二子者，孔門之門者也；舍門者而遽求見孔子，不可得也。二子當並讀，求其大義貫串條分之。孔子心性之精，倫禮之大，制治之詳，無不具在，且激厲學者，其語尤切，學能通此，思過半矣。孟子人皆讀之，今但加以講求，則但讀荀子數日可了。凡書有精粗，讀之自有詳畧。自諸經外，讀書之法，在通其大義，非謂誦其全文，但隨其天資，分一二遍提要鉤元，默而識之，便可有用。若能舉其辭，尤易觸悟。而天資不可强，不必泥也。

孔學之聚訟者，不在心性而在禮制。白虎通爲十四博士薈萃之說，字字如珠，與繁露可謂孔門真傳秘本。賴有此以見孔學，當細讀。一二本書，數日可了。

以上五部書，通其指義，則已通大孔律例，一切案情皆可斷矣。

胥吏辦一房之案，當官辦一時一朝之案；儒者辦天下古今之案，其任最大。天下古今之案，奉孔子爲律例，若不通孔子之律例，何以辦案？若能通之，則諸子廿四史一切羣書皆案情也。不讀律，不審案，則不得爲官吏；不通孔子律例，不審天下古今大小一切案，豈得爲儒生？日抱案而不知律，則無星之秤尺，無以爲斷案之地；若僅讀律而不詳覽案情，亦無以盡天下之變也。故通經之後，當徧覽子史羣書。無志于爲官吏者，是甘心于下流；無志于辦天下古今大案者，是甘心爲愚人也。

一、六經皆孔子之律例，人無不讀；而難遽讀之者，以有僞律亂其間，恐妄引之而誤殺人，則不得不明辨之。

一、史記，前、後漢書儒林傳當合讀，以見十四博士傳經之案。蓋舉漢世皆十四博士之學，而後漢亦漸有今古學之分。漢書藝文志當同讀，以兩造存此案。皆一二日可了。

一、五經異義當讀，見續皇清經解有陳壽祺注最詳。今、古經說具存。今真而古僞；而非知僞說，無以見真說之可珍。數日可了。

從此讀新學僞經考，別古今，分真僞，撥雲霧而見青天，登泰山而指培塿，一切古今是非得失，瞭然指掌中。三數日可了。

一、新學僞經考讀畢，可閱四庫提要經部目錄。凡二千年經說，自魏晉至唐，爲劉歆之僞學；自宋至明，爲鄉壁之虛學，是非得失皆破矣。十數日可了。

自此以往，一切經說可自擇讀，不致誤于歧途。而魏氏源詩古微，閻氏若璩古文尚書疏證，胡氏渭禹貢錐指、易圖明辨，惠氏棟易漢學，江氏永禮書綱目，秦氏蕙田五禮通考，及一切今學經說可先讀。除禮書兩種卷數較多外，餘書一月可畢。

大戴禮當與小戴禮記同讀，皆孔門口說，至精深也。尚書大傳、韓詩外傳亦皆孔門口說，與繁露、白虎通同重。數日可了。國朝正經正注，有欽定御纂十經及十三經注疏，功令之書，皆學者所當肄業及之。此外經學彙函爲古經說，通志堂經解薈萃宋、元、明人經說，皇清經解、續經解薈萃國朝經說，皆涉獵擇讀之。此真浩如煙海，若無本領，宜其窮老無所入也。

一、新學于經文未全讀者，皆當尅日補讀左傳、禮記、周禮，皆當讀全文，萬不可誤讀坊間删本。如武昌局諸單注本，相台岳氏單注本，儀禮章句及左傳讀本，周禮讀本，尚皆全本也。此雖未遽言經學，而實可爲學問之本。其僞亂如左傳、周禮、爾雅之類，已數千年奉行之，有若曹、馬、劉、蕭雖是篡朝，而魏、晉、六朝之史亦不得不讀。凡補讀者，未能遽上口，亦當先以數日全行補讀，俾引文皆知，而後分日帶温。

一、説文雖有僞竄，而爲古今文字之薈萃，學者當識字，不得不讀。以段氏注爲經，而王氏菉友説文釋例爲緯。説文逸字、説文外篇、説文新坿考、説文引經考、説文答問皆可考。文字蒙求，可先看，以得六書之序，童子最便。説文檢字亦便初學。説文聲讀表，可知文字多由聲出，亦宜並閱。一月可了，或每日看二三十字，則不費日力，亦一年可了。

一、爾雅以邵氏郝氏二家爲精博。見皇清經解。

一、韻學先看廣韻，可通古通今。古音爲專門，當別考。說文形學也，爾雅義學也，廣韻聲學也，皆學者所不可廢，爲國朝專門之學。惜其亂雜僞羼，破碎而無用。新學者宜稍涉之，但不必以冒大道耳。小學彙函可看。

一、唐石經宜購讀，大字明朗，既可考據，且書法至佳，並可學書。窮鄉難得碑刻，得此三善，備矣。在京師購之，數金可得，能再雕尤佳。

一、七經緯宜讀。緯皆孔門口說，中多非常異義。劉歆作讖攻緯，後人乃並攻之，而孔門口說亡矣。今以公羊考之，其說多同，雖有竄亂，分別擇之，不獨不能廢，實可寶也。

一、西漢時書皆經說，宜讀。如陸賈新語，賈子新書，鹽鐵論，劉向說苑、新序、列女傳，皆今學家純完之書，可與公、穀互證，且多七十子口說，大義存焉，可爲瓌寶。太玄、法言、論衡有雜僞說，可擇觀之，然亦有今學說可互證也。十餘日可了。

一、玉函山房輯佚書經說最多，可備查。

一、周、秦諸子宜讀。各子書，雖老子、管子亦皆戰國書，在孔子後，皆孔子後學。說雖相反，然以反比例明正比例，因四方而更可得中心。諸子皆改制，正可明孔子之改制也。呂氏春秋、淮南子爲雜家，諸家之理存焉，尤可窮究。子家皆文章極美，學者因性之所近，熟讀而自得之。浙江二十二子本最精。若不可得，則武昌之百子全書或漢魏叢書皆可看。十子本太劣。諸子一二月可了。

一、國語爲殘本，且多竄亂；然故是春秋文字，亦須讀。國策亦當讀。逸周書，山海經，穆天子傳三種皆僞書，然甚古，亦當一考。十數日可了。

一、讀史宜以史記、兩漢爲重。史記多孔門微言大義，殊不易讀。雖有竄亂，然至可信據矣。漢書雖爲劉歆僞撰，而考漢時事，舍此不得。後漢爲孔子之治，風俗氣節至美。范蔚宗又妙於激揚，皆有經義，皆妙文章，故三史宜熟讀。秦、漢間日改用孔子之制，可細心考之，當日有悦懌也。能通三史，則經義、史裁、掌故、文章俱備矣。餘史可分政、事、人、文四者讀之。

一、廿四史宜全讀。新學讀史，日一、二卷，其後漸習，日可三、四卷。史記一百三十卷，漢書一百二十卷，除表三十卷不能遽讀，皆百卷。後漢書亦百卷。一日一卷，三百日可畢；一日三卷，百日可畢。三國志六十五卷，晉書一百三十卷，南史八十卷，北史一百卷，共三百七十五卷。一日三卷，亦百日可畢。宋書一百卷，齊書五十九卷，梁書五十六卷，陳書三十六卷，魏書一百一十四卷，北齊書五十卷，北周書五十卷，通四百六十五卷。一日三卷，亦百日可畢。隋書八十五卷，新、舊唐書四百二十五卷，新、舊五代史二百二十四卷。一日三卷，約二百日可畢。是一年半可讀十九史矣。其宋、遼、金、元、明史，一年半年無不閲遍。此皆爲中人之資言之，計日程功，無不可至。若異敏之士，尚不待此。即資質稍魯，加倍其日，亦三年可通全史矣。學者何不暫舍一二年八股之功，而肆力於是？暨其學成，則海函地負，何所不能乎？

一、三史宜用功深，寧少其卷數。三史破，餘史皆易讀，卷數可增矣。若驟未能徧讀全史，於晉書後，先讀南北史、新唐、五代史、宋、明史亦可。餘史俟補讀，則一年可畢矣。隋書有五朝史志，不可不讀。

讀史宜先通年號，當考紀元編。新學縣未能知古今，可看歷代帝王年表。

讀史宜通職官，當先看百官公卿表，能讀歷代職官表尤易通。

讀史當通地理，則地理志宜先讀。然古之某州郡，必先明爲今某省府乃能了然，故以看地圖爲先。今地圖無絶佳者，胡文忠大清一統地輿圖，武昌刻本稍詳矣。次則李兆洛董方立之圖，又次則僅有郡縣之圖，亦當日掛左右，然後取歷代地理沿革圖，歷代地理韻編考之，則得其涯畧矣。初學先讀三才畧及地理歌，尤爲根柢。至天文圖，地球圖，五大洲圖，萬國全圖，皆當懸置壁間，能購天球地球尤佳。不過數金耳。凡考地圖，與地經緯度里表宜通。見荷池精舍本一卷，可翻刻。每日飯後以硃筆考一府，通其沿革，細核山川，積久便熟；或用油紙仿印，自能繪出尤佳。水經注詳於山水，且最古雅，可先讀。數日可了。此外各史地志，元和郡縣志，元豐九域志，輿地廣記，大清一統志，皆可備考。

一、讀史當知史例。史通削繁可讀，既通史例，文筆亦可學。一二日可了。十七史商摧，廿二史考異，廿一史四譜可考，而廿一史劄記尤通貫，并詳掌故治亂，不止史例矣，宜熟讀。諸書皆讀正史時互考之。

一、讀史當讀編年及紀事以貫串之。編年之史，莫如資治通鑑，續通鑑。紀事則有左傳紀事本末，通鑑紀事本末，宋、元紀事本末，明史紀事本末，皆史中精絶之書，可熟觀精考。數月可了。

一、讀史當讀掌故。掌故則三通并稱：杜佑通典，鄭樵通志，馬端臨文獻通考也。而通考最詳，宜與通鑑同讀，宜改稱爲二通也。若通典，詳于禮而多僞說，通志惟二十略爲精，餘皆史文，故應不如通考。若續三通，皇朝三通，宜並涉及。能熟得一通，其餘皆相出入，讀之甚省力。

一、考掌故，當通國朝之學。事蹟則九朝東華録，人物則耆獻彙徵，無之則先看國朝先正事略，亦得大概。典禮則大清會典、則例，未能得則例，宜先看會典，數日可了。大清通禮，大清律例。謨訓則十朝聖訓，文章則經世文正續編。聖武記亦可閱。通此數書，兼及三通，可知國朝掌故矣。此數種皆甚浩博，隨時閱之，或先通一種亦可徐求，而會典及經世文編正續最簡矣。吾學録八本，尤淺易，可備查。

一、考邊事，朔方備乘，蒙古游牧記，藩部要畧，新疆識畧，衞藏志皆當考。

一、當考孔子事，莫如闕里文獻考，凡一百卷，至詳。方今外教相迫甚至，吾輩發明孔子之道，尤當光明。

一、當讀義理書。宋儒專言義理，宋元學案薈萃之，當熟讀。明儒學案言心學最精微，可細讀。國朝學案小識可備源流。二程全書，朱子大全集，朱子語類可精攷。正誼堂全書可涉獵。近思録爲朱子選擇，小學爲做人樣子，可熟讀。司馬書儀，朱子家禮皆近世禮所從出，宜參攷。千年之學皆出于朱子，故語類大全集宜熟讀。學案最博，可通源流，皆宜精熟。數書宜編爲日課，與經史並讀者。小學尤爲入手始基也。

一、當讀考訂之書。考訂之書甚多，不勝讀，可先讀困學紀聞，日知録，十駕齋養新録，讀書雜志，經義述聞，癸巳類稾，癸巳存稾。若議論之書，如顏氏家訓，黄氏日抄，明夷待訪録，文史通義，校邠廬抗議，並可攷涉。旬日可一二部也。

一、當知目錄之學。俾知天下書目甚多，無以兔園册子、高頭講章、時樣制藝自足。書目博深，莫如欽定四庫提要。一百二十本，價二、三金，必應購買。每日隨意涉獵，數月可畢。精要且詳，莫如書目答問，板本最佳。每部值銀數分，可常置懷袖熟記，學問自進。其檢叢書之目，有彙刻書目，皆學者必應查攷之書。

一、叢書宜多購，得一書有百數十種之用，如粵雅堂、知不足齋之類最博，可涉獵。其專門之叢書，如經學彙函，小學彙函之類，尤宜多購。

一、兵學古書莫如孫子，但言虛理，歷久不變者也。至兵制，有歷代兵制一書，在守山閣叢書。亦散見各史中。其餘今古既變，無大用，惟練兵實紀尚可行。胡文忠公讀史兵畧最佳。近西洋之行軍測繪，水師操練，陸師操練，防海新論，御風要術，克虜伯砲說，砲操法，砲表，皆上海製造局書。海戰紀要，兵船布陣，皆有用之書也。

聖道既明，中國古今既通，則外國亦宜通知。譬人之有家，必有鄰舍，問其家事，譜系田園，固宜熟悉，鄰舍某某乃全不知，可乎？況乎相迫而來，我之所爲，彼皆知之；彼之所爲，我獨不聞，尤非立國練才之道。今爲學者畧舉其一二。若僅通外學而不知聖道，則多添一外國人而已，何取焉！

一、地志宜先讀。瀛寰志畧其譯音及地最正，今製造局書皆本焉。海國圖志多謬誤，不可從。餘若英、法、俄、美國志皆粗畧。萬國通鑑、萬國史記、四裔年表可一涉。數日可了。日本圖經、日本新政考，日事亦略見矣。

一、律法。萬國公法，外國所公用。星軺指掌，使臣之體例，最要。一二日可了。

一、政俗。列國歲計政要，西國近事彙編最詳。西國學校論畧，德國議院章程，西事類編，西俗雜志，普法戰紀，鐵軌道里表。此外各使遊記，如使西紀程，曾侯日記，環遊地球日記，四述奇書，出使英法義比四國日記，使東述畧，皆可觀。張記最詳，薛記有攷據。餘皆鄙瑣，然皆可類觀也。

一、西學。談天，地理淺識，天文圖說，動物學、植物學、光學、聲學、電學、重學、化學，有西學大成輯之。有全體新論，化學養生論，格致鑑原，格致釋器，格致彙編。此書是叢書，各種學皆有。格致彙編最佳，農桑百學皆有。

一、交涉。夷艘寇海記，中西紀事，中西關係略論，各國和約。

凡此皆旬月可畢，而天下萬國燭照數計，不至瞑若擿塗矣。若將製造局書全購尤佳。學至此，則聖道王制，中外古今，天文地理，皆已通矣。

一、數學。攷古則算書十經，而以四元玉鑑爲至精。從今則欽定數理精蘊，而以梅氏叢書爲至專。西法則以幾何原本爲入門，而以代數術，微積分，微積溯源，代微積拾級爲至深。而數學啟蒙最便入門。近人行素齋數學論之最精詳。天文地理各學皆從算學入，通算猶識字也。

一、辭章之學。先讀楚辭集注，次讀文選，武昌胡克家翻宋本爲佳，次則葉樹藩朱墨本亦可。則材骨立矣。文選先讀文，次詩，次賦。讀賦每夕一篇，四十九篇，月餘畢矣。文選當全讀，學其筆法、調法、字法；兼讀駢體文鈔，則能文矣。作駢體兼看徐庾集及四六叢話。國朝駢體中興，以胡、洪爲最，有駢體正宗及八家四六正續可觀。散文讀古文辭彙纂，韓、柳集，則有法度矣。若能讀全上古三國六朝文，唐文粹，宋文鑑，元文類，明文海，則源流畢貫。若欲成家數，當浸淫秦漢子史，乃有得處。桐城派褊薄，不足師也。坊間古文選本陋謬，不足讀。

詩則導源文選。唐宋詩醇所選極精，可全讀。王、孟、韋、柳、李、杜、韓、白、蘇、陸各大家集，均隨性學之，而杜爲宗。杜詩鏡銓最佳，宜全讀。此外二李宜學。玉谿之緜麗，昌谷之奇麗，不廢江河萬古者。宋之山谷，明青邱高季迪集七子。國朝之吴梅村，朱竹垞，王漁洋，皆宜覽。唐詩品彙可購讀，可知源流正變。此外，詩話皆無用之書，讀不勝讀者也。

賦亦導源文選，而賦彙爲鉅觀。唐賦以王粲、黄滔爲宗，選本無佳者，當于文苑英華求之。不得已則律賦必以國朝賦，以吴錫麟、顧元熙爲宗。有吴顧合稿。大要樹骨于六朝，研聲于三唐而已。

詞家以詞律爲法，以詞綜爲最博，白石爲最精。能沈吟六十家詞鈔，自能鮮麗矣。

一、科舉之學，應制所用，約計不過經義，策問，試帖，律賦，楷法數者。余于長興學記，已言其槩。若能通經史，解辭章，博學多通，出其緒餘，便可壓絶流輩。楷法率宗唐碑，歐、顔爲尚，唐石經尤爲有益。若欲以書名，則包慎伯藝舟雙楫及吾之廣藝舟雙楫。徧見千碑，然後能之，新學未易語此。

凡上所舉，雖每類數種，自謂至約，而學者或仍苦其繁，吾更爲合計其書，綜程其課。

一、讀書宜分數類：第一經義，第二史學，第三子學，第四宋學，第五小學及職官天文地理及外國書，第六詞章，第七涉獵。或以朝暮午夜分功，或以剛日柔日分學，並軌齊驅，日見所不見，聞所不聞，至于經年，自能豁然貫通，八方並集，羅午旁魄，本末內外，上下古今，無不該舉，而學成矣。

一、爲學之始，先以一二月求通孔子之大義爲主。五經、四書固所自熟，將公羊、繁露、白虎通、孟子、荀子、大戴記、韓詩外傳、尚書大傳及三史儒林傳、漢人經說，講求而貫通之。是月也，但兼看小學及宋元學案以爲清心寡慾之助。諸書既通，則可分類並致，半年之內，周、秦、西漢子說可畢，三史亦通，說文地圖亦有所入，攷訂議論目錄之書亦粗涉，詞章亦以暇諷誦，外國要書及天文地理，亦講貫畢。及半年以後，浩然沛然，旁薄有得，各經說，各史學，羣書百家，皆可探討，期年而小成，有基可立矣。三年則諸學畢貫，此爲中人言之。若上智之才，尚不待此；即使下才，倍以年月，六年亦可大成矣。

一、讀書須求師友，師不易得，求友最要。孤陋則寡聞見誚，麗澤則講友宜先。曾子則貴會文輔仁，孔子則重多聞直諒。一人之見有限，衆人之識無窮，故讀書當求友講求，旬日會講，或三日一會，或五日爲期，不可太疏。上下議論，其益無窮。

一、會講須禁淫朋詭說，宜以藍田呂氏鄉約爲法，而少加簡約，德義相勸，過失相規。

一、讀書當分專精、涉獵二事，惟專乃可致精，惟涉獵乃能致博，二者不可偏廢。

一、讀書當設功課部，每日所讀之書，當詳注明，以便稽攷。所讀之書，必加議論，與朋友商其得失。杜工部曰：「小心事友生，誤謬則改之。」曹子建曰：「必求有公鑒，而無姑息者。」但求學識之進，不必飾非護前，自能日有光明。若一語一言，接人行事，養心修身，皆能日省，尤爲有益，是在志士。

吾長興學記功課部有七條：一養心，二修身，三執事，四接人，五時事，六夷務，七讀書。

一、每會課，當公推學識優長者爲會長，性行嚴正者爲監督，以資表率，而去惰慢。其課部中議論佳者，當摘抄，以備選刻，以厲觀摩。久之成書，風化自起。

一、凡百學問，皆由志趣。志猶器也，志大則器大，所受者大；志小則器小，所受者小。僅志于富貴科第，所謂器小也，語之以天下之大，豈能受哉。若有大志，則通古今中外之故，聖道王制之精，達天人之奥，任天下之重矣。故學記言「辨志」，孟子言「尚志」，孔子言「志仁無惡也」，陸子静言「一月僅言立志」。砥礪名節，涵養德性，任大道而行仁政，皆自志出也。其庶幾先帝「經明行修」之誨耶！

右所條目，爲學者之初桄，良以四庫提要及書目答問，目録浩繁，窮鄉僻遠，家無藏書，限于聞見，濡染無從；或稍有見聞，而門徑不得，望若雲煙，向若而歎，從此卻步，故爲導之先路。若大雅宏達，瞻見洽聞，固無俟區區也。

〔附：顧頡剛刊印本序〕

致選修三百年來思想史諸同學書（代序）

諸位同學：

本學期的「三百年來思想史」，我講的是康有爲。當時因爲很忙，沒有編講義。過後，雖有魏應麒，石兆棠兩君將聽講筆記交給我，但我仍因牽于事務，到今還沒有改好。

兩星期前，黃仲琴先生在本市書肆買到桂學答問一册，送給我。這本書是我久聞名而未得見的，拿到了非常快樂，就想把它和長興學記一起印出，藉見康氏研究學問的方法和他教育後進的事實。但是長興學記這本書，四處找不到。現在就把桂學答問囑夏廷棫君標點，單獨印出，暫代本課講義。

康有爲這個人，在二十世紀中固然沒有他的地位，但在十九世紀的末年，他確曾有過很光榮的歷史，他確曾指給全中國的人民以一條生路，而且發生過極大的影響。所以在政治上我們要剗除他的晚年的謬論，在學術上也要洗滌他的家派的成見，但在政治史上，學術史上，他所努力得來的成績實在不容我們輕易忽略過。

我們對于這册桂學答問中所講的研究學問的方法，千萬不要把現在應用的眼光來看它，而要用十九世紀末年一個從經生改行的新學家的讀書方法來看它，看它如何沿襲着前人，又如何獨闢着新路，看它怎樣受時勢的影響，又怎樣受環境的束縛。能㲉這樣做，我們研究康有爲時，就不是研究他一個人，而是研究一個康有爲的時代了。

其中所言，有極創闢的。如謂老子爲戰國書，在孔子後，這是以前的人從没有講過的。前數年，看梁啓超的評胡適之中國哲學史大綱，裡邊斷老子爲戰國時書，我很心折他的議論，以爲梁氏一生著作只有量的擴張而無質的創造，這一義是他僅有的一個發見。那知看了這本書，他也是襲取師說呵！康氏讀書眼光之精鋭，於此可見。

顧頡剛。十八，一，廿八。

附梁啓超：學要十五則

序

今人聞談古事，鄉曲人道城市，不樂聽之者無有也。故雖鄉曲陋民，胸中必有一二城鄉古事義理，故謂天下皆學人也。然而語以窮極古今之故，中外之事，天地之大，聖人之道，賢達之論，則裹足掩耳而欲遁逃，則或一邑一郡無通人。樂聞小而惡聞大，此豈人之情也哉？其書太繁，其道太遠，其力太苦，而卒無所得，望海無舟，其向若而驚，歸而浮游溪沼之閒以自娛樂，乃人之情也。今夫昔之之京師，裹糧三月而後能至，近者輪船往來，不旬日抵津沽矣，假有鐵路，則一日程耳。康熙時，索額圖奉命至雅克薩，與俄人劃界，行六月，迷道而歸。今大設公站，不逾月至，假有鐵路，豈待半月哉？故學者爲學，患不知道，既知道矣，患無精鍊之舟車。二者既備，其功百倍，至千萬倍焉。方今國事之艱，皆由士人之謬陋寡學，無才任之，每念嘆息。頃遊桂林，既畧言條理，爲桂學答問一卷，以告桂人，尚慮學者疑其繁博，屬門人梁啓超，抽繹其條，以爲新學知道之助。其諸學者，亦有樂於是歟？南海康祖詒敍。

學要十五則

學者每苦於無門徑，四庫之書，浩如煙海，從何處讀起耶？古人經學，必首詩、書，證之論語、禮記、荀子皆然。然自僞古文既行，今文傳注，率經闕失。「詩之魯、齊、韓，書之歐陽、二夏侯，蕩刼尤甚。微言散墜，索解甚難。惟春秋公羊、穀梁二傳，巋然獨存，聖人經世之大義，法後王之制度，具在於是，其禮制無一不與羣經相通。故言經學，必以春秋爲本。

春秋之義，公、穀並傳，然穀梁注劣，故義甚闇曶，公羊注善，故義益光大。又加以董子繁露，發明更多，故言春秋，尤以公羊爲歸。

讀公羊，可分義、禮、例三者求之。如「元年春王正月」條下，王者孰謂？謂文王也。曷爲先言王而後言正月、王正月也之類？所謂義也。立適以長不以賢，立子以貴不以長，子以母貴，母以子貴之類，所謂禮也。公何以不言卽位之類，據常例書卽位爲問，所謂例也。餘可類推。然凡一禮一制，必有大義存焉，例者亦反覆以明其義而已。然則，義並可該禮與例也。故孔子曰：「其義則丘竊取之矣。」

何邵公解詁，本胡毋生條例，皆公羊先師口説也，宜細讀。春秋繁露反覆引申，以明公羊之義，皆春秋家最善之書。學者初讀公羊，不知其中蹊徑，可先讀劉禮部公羊釋例，卒業後深究何注、繁露兩書，日讀十葉，一月而春秋畢通矣。

經學繁重，莫甚於禮制，禮制之轇轕，由於今文與僞古文之紛争。僞古文有意誣經，顛倒禮説，務與今文相反。如今文言祭天在郊，祭地在社，而古文謂祭天南郊，祭地北郊。今文言天子娶十二女，而古文謂天子一后、三夫人、九嬪、二十七世婦、八十一御妻之類。兩説聚訟，何以能通？既辨今古，分真僞，則瞭如列眉矣。如是，則通禮學甚易，既通禮學，於治經斯過半矣。

欲分真僞，辨今古，則莫如讀新學僞經考，其近儒攻僞經之書可並讀。

既讀辨僞諸書，能分今古，則可以從事禮學。王制與春秋，條條相通，爲今文禮一大宗。五經異義述今古文禮之異說，劃若鴻溝，最易暢曉。惟許、鄭皆古文家，不能擇善而從，學者胸有成竹，不必狥其說也。白虎通全書皆今文禮，極可信據。既讀此二書，復細玩二戴記，以求制禮之本，以合之於春秋之義，則禮學成矣。

古人通經，皆以致用，故曰不爲章句，舉大義而已，又曰存其大體，玩經文。然則，經學之以明義爲重，明矣。國朝自顧亭林、閻百詩以後，學者多務碎義，戴東原、阮雲台承流，益暢斯風，斤斤辨詰，愈出愈歧，置經義於不問，而務求之於字句之間。於是，皇清經解之書，汗牛充棟，學者盡數十寒暑，疲力於此，尚無一心得。所謂博而寡要，勞而少功也。康先生剗除無用之學，獨標大義，故用日少而蓄德多。循其次第之序以治經，一月可通春秋，半載可通禮學，度天下便易之事，無有過此者矣。學者亦何惜此一月半載之力，而不從事乎？即以應試獲科而論，一月半載之功，已可以春秋、三禮專門之學試於有司，亦是大快事也。治經之外，厥惟讀史。康先生教人讀史，仿蘇文忠公八面受敵之法。分爲六事：一曰政，典章制度之文是也；二曰事，治亂興亡之跡是也；三曰人，爲賢爲惡，可法戒者是也；四曰文，或駢或散，可誦習者是也；五曰經義，史記、漢書最多，而他史亦有；六曰史裁，史記、新五代史最詳，而他史略及。學者可分此六事求之。上四門是陸桴亭語，下兩門乃康先生所定。

太史公最通經學，最尊孔子，其所編世家、列傳悉有深意，是編不徒作史讀，並可作周、秦學案讀。

漢書全本於劉歆之續史記，其中多僞古文家言，宜分別觀之。後漢名節最盛，風俗最美，讀之令人有向上之志。其文字無史、漢之樸拙，亦無齊、梁之藻縟，莊雅明麗，最可學，亦最易學，故讀史當先後漢書。

孔子之後，諸子並起，欲悉其源流，知其家數，宜讀史記太史公自序中「論六家要指」一段，漢書藝文志中「九流」一門，莊子天下篇，荀子非十二子篇，然後以次讀諸子。

學問之道，未知門徑者以爲甚難，其實則易易耳。所難者，莫如立身。學者不求義理之學，以植其根柢，雖讀盡古今書，祇益其爲小人之具而已，所謂藉寇兵而齎盜糧，不可不警懼也。故入學之始，必惟義理是務。讀象山、上蔡學案，以揚其志氣；讀後漢儒林、黨錮傳，東林學案，以厲其名節；熟讀孟子，以悚動其神明。大本既立，然後讀語類及羣學案以養之。凡讀義理之書，總以自己心得，能切實受用爲主，既有受用之處，則拳拳服膺，勿使偶失，已足自治其身，不必以貪多爲貴也。

子羽能知四國之爲，孔子稱之。春秋之作，先求百二十國寶書。以今方古，何獨不然？方今海禁大開，地球萬國猶比隣也。家居而不知比隣之事，則人笑之，學者而不知外國之事，何以異是？王仲任曰：「知今而不知古，謂之盲瞽；知古而不知今，謂之陸沈。」今日中國積弱，見侮小夷，皆由風氣不開，學人故見自封，是以及此。然則，言經世有用者，不可不知所務也。

讀西書，先讀萬國史記，以知其沿革；次讀瀛環志畧，以審其形勢；讀列國歲計政要，以知其富强之原；讀西國近事彙編，以知其近日之局。至於格致各藝，自有專門，此爲初學說法，不瑣及矣。

讀書莫要於筆記，朱子謂：「當如老吏斷獄，一字不放過。」學者凡讀書，必每句深求其故，以自出議論爲主，久之觸發自多，見地自進，始能貫串羣書，自成條理。經學子學尤要，無筆記，則必不經心；不經心，則雖讀猶不讀而已。黃勉齋云：「真實心地，刻苦功夫。」學者而不能刻苦者，必其未嘗真實者也。

以上諸學，皆缺一不可。驟視似甚繁難，然理學專求切己受用，無事貪多，則未嘗繁也。經學專求大義，删除瑣碎，一月半載已通，何繁之有？史學大半在證經，亦經學也。其餘者，則緩求之耳。子學通其流派，知其宗旨，專讀先秦諸家，亦不過數書耳。西學所舉數種，爲書不過二十本，亦未爲多也。遵此行之，不出三年，卽當卒業，已可卓然成爲通儒。學者稍一優游，則此三年已成白駒過隙，亦何苦而不激其志氣，以務求成就乎！朱子曰：「惟志不立，天下無可爲之事」，是在學者。

最初應讀之書

既於羣學言其簡要易入之道，但所讀之書，篇第先後，尚慮學者未知所擇，故更綜而録之如左。其所論列，顓以便適新學爲主，閒有抽擇全文，倒亂原次，割裂譾陋，可笑已甚，通人詧其用意，諒不見哂也。

經學書

先讀劉申受公羊釋例。皇清經解中有此書。

釋例中，先讀王魯例，次通三統例，張三世例，闕疑例，名例，建始例，諱例。

次讀公羊傳及何君注。

康先生有批本。何注最要，徐疏可畧。

次讀春秋繁露。

先讀俞序篇，次正貫篇、十指篇，次楚莊王篇、玉杯、竹林、玉英、精華篇，次三代改制質文篇、王道篇。

次讀禮記王制篇。

因其制度與公羊相通，讀春秋時卽當讀之。餘篇俟從事禮學時再讀。

次讀穀梁傳。

范注、楊疏皆不必讀。

以上春秋學

次讀新學僞經考。

先秦焚六經未嘗亡缺考，次漢書河閒獻王魯恭王傳辨僞，次漢儒憤攻僞經考，次漢書藝文志辨僞，次史記經說足證歆僞考，次漢書儒林傳辨僞。

次劉申受左氏春秋考證。皇清經解。

次讀邵位西禮經通論。經解續篇。

次讀魏默深詩古微。經解續篇。

先讀開卷數篇。

以上辨僞經

次讀禮記。

先王制，次禮器、郊特牲，次儒行，次檀弓，次禮運、中庸，次以原序讀諸篇。

次讀大戴禮記。

次讀五經異義。皇清經解陳氏輯本。

此書言今古文禮制之異，學者但從其異處觀之。許、鄭之多從古文，陳氏之和合今古，皆謬說，不必爲所惑。

次讀白虎通。

專言今文禮制，其中亦閒有古文數條，則賈逵、班固所爲也。然究爲今文禮之宗。

以上禮學

次羣經。

史學書

先讀史記儒林傳。

次漢書儒林傳。

次漢書藝文志。

次史記孔子世家，仲尼弟子列傳，孟子荀卿列傳。此爲孔子學案。

次後漢書儒林傳。

次後漢書黨錮傳。

次史記老子韓非列傳，游俠列傳，刺客列傳，日者列傳，龜筴列傳。此爲周、秦諸子學案。老子、韓非，爲老氏之學；游俠刺客，爲墨氏之學；日者龜筴，爲陰陽家之學。其餘尚有十三家，見於孟子荀卿列傳。

次史記太史公自序。其中言春秋最精，論六家要旨，亦爲諸子學案。

以上皆言學派黨錮傳激揚名節，不在此數。

次後漢書。後漢書擇其列傳先讀之，餘可緩讀。列傳中，武臣之傳亦可緩讀。史以讀志爲最要，然當俟專求掌故時始讀，故亦從緩。

次羣史。

子學書

先讀莊子天下篇。

次荀子非十二子篇。

次韓非子顯學篇。

次墨子非儒篇、公孟篇。

周末墨學最盛，專與儒家爲難，必觀其相攻之言，然後知孔學之顛撲不破。

以上皆論家法

次孟子。

讀孟子，可分養心、厲節、經世、尊孔、論性五門求之。

次荀子。

讀荀子，可分辨性、勸學、（荀言性本惡，故貴學以變化之。）崇禮、經國、尊師法、闢異學數門求之。

次筦子。

管子多存舊制，僞周禮所本。

次墨子。

墨氏一家之學。

次老子。

老氏一家之學。

次莊子。

莊子本孔學，但往而不返，閒遁於老耳。

次列子。

列子本後人摭拾老、莊爲之，然精論甚多。

次呂氏春秋、淮南子。

二書皆雜家，淮南則多近於道家。然二書言諸子學術行事甚多，亦極要，宜於老、墨二書卒業後，即讀之。

次羣子。

理學書

先讀象山學案。宋元。

次上蔡學案。宋元。

次東林學案。明儒。

次姚江學案。明儒。

次泰州學案。明儒。

次江右王門學案。明儒。

次浙中王門學案。明儒。

次白沙學案。明儒。

次伊川學案。宋元。

次橫渠學案。宋元。

次濂溪學案。宋元。

次明道學案。宋元。

次百源學案。宋元。

次東萊學案。宋元。

次南軒學案。宋元。

次艮齋、止齋、龍川、水心學案。宋元。

朱子之學，宋元學案所編甚陋，宜讀語類。

朱子語類先讀總論爲學之方卷。

次論力行卷。

次論讀書卷。
次論知卷。
次訓門人卷。
次自述卷。
次論治道卷。
次論本朝卷。

西學書

萬國史記。
瀛環志畧。
列國歲計政要。
格致須知。
西國近事彙編。
談天。
地學淺識。

讀書次第表

學者每日不必專讀一書，康先生之教，特標專精、涉獵二條。無專精，則不能成；無涉獵，則不能通也。今將各門之書，臚列其次第，畧仿朝經暮史，晝子夜集之法，按月而爲之表。有志者，可依此從事焉。

第一月	經學	史學	子學	理學	西學
	公羊釋例（釋例擇其要者數篇先讀之，一二日可卒業，再讀其諸篇，六七八日可卒業矣。） 公羊傳注（共爲書三本，十日可卒業矣。） 春秋繁露（先擇其言春秋之義	史記儒林傳 漢書儒林傳 藝文志 後漢書儒林傳 黨錮傳（讀儒林傳、藝文志以知經學源流，讀黨錮傳以厲志氣。）	孟子（宜專留心其言養氣厲節各條。） 荀子非十二子篇 莊子天下篇 韓非子顯	象山學案 上蔡學案 朱子語類總論爲學之方 東林學案 白沙學案	

	經學	史學	子學	理學	西學
	者讀之，其言陰陽天人者暫緩之，五日可卒業矣。		學篇 墨子非儒篇		
第二月	可以半月之功，再温公羊注、繁露二書。 穀梁傳 可求其義例禮制與公羊同異之處。 王制 當與公、穀並讀。	史記太史公自序 孔子世家 仲尼弟子列傳 孟子荀卿列傳 老子韓非列傳 並游俠以下四列傳	荀子	姚江學案 江右王門學案 泰州學案 浙中王門學案 朱子語類 訓門人	
第三月	新學僞經考 左氏春秋考證 禮經通論	後漢書 先以次讀列傳。	荀子 墨子	徧讀宋元學案、明儒學案、國朝學案各總序，並讀其取編次諸儒之傳	瀛環志畧

	詩古微			其言論姑暫緩。	
第四月	五經異義 白虎通	後漢書史記 從本紀讀起。	墨子 筦子	濂溪學案 百源學案 明道學案 伊川學案 橫渠學案	瀛環志畧 萬國史記
第五月	禮記	史記	筦子 老子 呂氏春秋	晦翁學案 甚劣，姑讀耳。 東萊學案 南軒學案 甬上四先生學案 艮齋、止齋、水心、龍川學案 朱子語類	萬國史記

第六月	
經學	大戴禮記 繁露之言陰陽天人者，至此可讀之。
史學	史記 漢書
子學	呂氏春秋 淮南子
理學	朱子語類
西學	列國歲計政要 談天 地學淺識

萬木草堂口説

目錄

學術源流（一）

凡物皆始於氣，有氣然後有理。〔按，丁酉本「有氣」上有一「既」字。〕生人生物者氣也，所以能生人生物者理也。人日在氣中而不知，猶魚之日在水中而不知也。〔按，丁酉本無「之」字。〕

朱子謂理在氣之先，其說非。〔按，丁酉本「謂」作「以爲」，「先」作「前」。〕

有氣即有陰陽，其熱者爲陽，冷者爲陰。〔按，丁酉本「冷」作「凍」。〕

現考地球所生從日出，而月從地生出。〔按，丁酉本「球」作「之」，下句作「而月又從地出。」〕

崑崙有四大金龍池：一條額爾齊斯河，流入俄國；一條阿母新頭河，流入波斯；一條印度河，流入印度；一條黃河，流入中國。見佛書玉合經。

崑崙者地頂也，知地頂之說，而後可以知人類之始生。

現考人類之生，未過五千年，總之去洪水不遠。或者，洪水以前之人皆爲洪水所滅。〔按，「或者」之「或」字，據丁酉本補。〕以歷國史記考之，人皆生於洪水之後。計自洪水至孔子，二千年，自孔子至光緒丙申，二千四百四十七年。〔按，此句丁酉本作「自孔子至今，二千九百餘年。」〕印度開國最古，波斯開國亦早，蓋近崑崙也。〔按，「波斯開國亦早」，丁酉本作「波斯亦開國甚早。」〕

凡有數千里平原，必能創造政教文字。〔按，此句丁酉本作「凡有數千百里，必有平原，獨能創造政教文字」。〕故地球内四大域皆然。今日本全是依人之政教文字者，蓋國小不能自創造也。〔按，丁酉本無「者」、「蓋」二字，「自創造」作「制作故」。〕

中國、印度、波斯、小亞西亞共爲四大域，是開闢之始。

光緒己卯，測出地球之外另有八十二個小行星，壬辰又測出五十二個。〔按，「小行星」丁酉本作「小恒星」。〕

近來所開煤礦，至五十里尚有煤，二里則無人骨。〔按，「則」字丁酉本作「外」。〕

外國之教，以婆羅門爲最古，馬哈麥、佛氏、耶氏皆從它一轉手。〔按，丁酉本「佛氏」作「佛與」，「耶氏」作「耶穌」。〕馬哈麥弟子，名某亞已。老教分兩門：一言丹鼎，葛稚川是也；一言符籙，張天師道陵是也。

自古至今，以地而論，則中國與印度；以人而論，則儒與佛。儒者，孔子之國號也。孔子未改制以前，皆淫佚無度，而孔子以布衣整頓之。故孟子稱周公則只曰兼夷狄、驅猛獸；至稱孔子作春秋，則曰天子之事也。

太古時亦崇尚鬼神，自孔子始定祭祀之禮，故後世淫祀頗少。

凡公羊所譏，皆舊俗也。〔按，丁酉本「譏」下有一「者」字。〕

與匈奴通自漢始，故滿人呼中國以漢人。今英人呼中國曰唐人。〔按，「以」丁酉本作「日」，「英人」作「英國」。〕

言崑崙之説者，莫精於佛書，以印度近崑崙也。海國圖志崑崙考甚謬。〔按，丁酉本無此條。〕

羅馬之政教出於波斯，波斯出於印度，印度語言文字皆本天竺音，用支歌麻韵。

古時郁珠卽今之阿澤槃木者，經洪水後，在最下最肥之地。自興安嶺外，六千里皆槃木。〔按，「郁」字丁酉本作「都」。又，丁酉本「洪水」下無「後」字，「嶺」下有一「以」字，「千」下有一「餘」字。〕

禹時有萬國，其說確是，卽土司也。湯時有三千國，武王時有八百國，春秋時有二百國。今地球僅六十餘國。王制言一千八百國，其說恐非。〔按，「僅」字丁酉本作「有」，「其說恐非」作「此說恐非」。〕

孔子言禹、湯、文、武，欲後王知所遵守也；言災異，欲後王知所警懼也。〔按，「警懼」丁酉本作「戒慎」。〕

春秋雖言天道，實言人事。儀禮特立三綱之義，而諸經因發明之。

易，言其生也，生故有偶；春秋，言其治也，治必一統。

春秋治國，孝經治家，漢人尊孝經過於論語。

孟子一書，言義理自仁始，言人倫自父子始，言制度自井田始。

孔門曾、夏皆傳粗學，子思能傳心學。〔按，丁酉本無「孔門」二字。〕

大戴禮曾子十篇專言孝，是曾子之學。

孟子最能發揮父子之道，其言堯、舜之道，亦只孝悌而已矣。

九族萬民者，父子之餘也；禮樂者，井田之餘也。

孔子精神全注在行助法，不得助則行貢。

春秋尚嫡不甚重，妾以子貴。

莊子言，春秋以定名分，其說最的。〔按，丁酉本無「以」字，「其」作「此」。〕

中庸三達德，治內者也；五達道，治外者也。

曾子居武城時九十餘歲，子夏居西河時百餘歲，皆孔門高壽弟子。〔按，末句丁酉本作「爲孔門最高壽弟子」。〕

一部儀禮多發明報字。〔按，「報」字丁酉本塗改爲「敬」字。〕

孔子以下至本朝，宮室之制皆本孔子，衣服之制行至明朝。〔按，「皆本孔子」丁酉本作「皆出孔子」。〕

王船山發明舊制舊俗之大義。〔按，丁酉本於「船山」下有一「已」字。〕

獨名之曰亂臣賊子者，孔子之正三綱也。

孔子制作專尚變易，故特立三統。知此而後可以讀孔書。〔按，「專尚」丁酉本作「專重」，「知此」上有一「能」字。〕

儀禮無高祖之服。

歐洲皆是期服。

正五九不用事者，佛法也。

拜神用香，佛法也；喪事用七，亦佛法也。

萬物之生，皆由於地動，地動者，輪廻也。〔按，「萬物」，丁酉本作「百物」。〕

血脈輪廻，我炁，人人亦炁，我炁質之輪廻。〔按，丁酉本「廻」下有「也」。〕

地面之水爲日力所吸，上而成雨，雨復爲水，亦卽輪廻之義。〔按，「日」下丁酉本有一「熱」字，「復」作「變」，無「亦卽輪廻之義」六字。〕

三統、文質、昭穆、五行，五聲、六律、十二管，五色、六章、十二樂。王帝皇民，親廟迭毁。

孔子最重報施，禮無不答。記言凡非弔喪、非見國君，無不答拜者，此平等之義也。〔按，「記言」上丁酉本有一「故」字。〕

地震必於赤道之間者，其處有隙，火氣所凝。〔按，此條丁酉本無。〕

學術源流（二）

中國在崑崙之南。

世本僞書。

夏、漢、唐爲古今三大國。

尚書言蠻夷猾夏，是後人傳說。

以德報怨及棘子成言質，亦改制也。戰國諸子皆改制。

韓非子顯學篇儒分爲八，墨分爲三。又言儒、墨皆託古，甚可觀。〔按，此條丁酉本僅作「儒分爲八，墨分爲三」。〕

魏文侯推行孔子之學，李克推行井田之學。

詩、書、易、春秋皆古名也。

宋鈃與墨子相近。〔按,「與」字丁酉本作「子」。〕

太學始於漢武,文、景時無之。〔按,丁酉本無「時」字。〕

孔子之學,推行者七十子,始尊之者魏文侯,立博士者秦始皇,大一統者漢武帝也。〔按,丁酉本此條文句錯亂甚,不具引。〕

兩漢所立博士皆今學。〔按,丁酉本無「所」字。〕

孟子傳公羊之學,荀子傳穀梁之學。孟子高明,直指本心,是尊德性,陸、王近之。荀子沈潛,是道問學,朱子近之。〔按,「孟子」、「荀子」下兩「傳」字丁酉本均無。「是道問學」作「道學問」。〕

學術之争,争於道外者有各教,争於道中者有漢、宋。〔按,丁酉本「道外」、「道内」下均無「者」字,「各教」作「異教」。〕

史記除竄亂外,皆孔子今學。〔按,丁酉本此條在下條後。〕

後漢雜亂無章,前漢爲僞學。劉歆作續史記,班氏仍之,所異者二萬餘字。見西京雜記〔按,「後」、「前」原互易,據丁酉本改。「續史記」丁酉本作「讀史記」,「班氏」作「班固」,無「所異」二字,「二」作「三」。〕

史記五帝三王本紀謂三代皆各數百年,韓非子則謂各千餘年,漢書吾邱壽王傳則謂唐、虞三代六千餘年,然則,三代上果不可考矣。

亘古開國莫大於波斯。〔按,丁酉本此上尚有「印度爲一域,波斯爲一域,小亞細亞爲一域,(即今土耳其)中國爲一域」數

句。〕

五代孟昶廣正二年始刻書。

暹羅十年一貢，緬甸亦然，安南三年，高麗每年皆入貢。〔按，丁酉本「亦然」作「十年」，「每年皆入貢」作「一年」。〕

古今立學有三：西漢十四博士，用孔學；晉太康九年立博士，用劉歆學；元延祐六年，用朱學。自孔子出，諸子所稱道，皆孔子制度也。〔按，「元延祐」原誤作「宋元祐」，據丁酉本改。〕

春秋諸子多托古明權，各自立教，孔子發憤改制。

諸子之中，以墨、老爲最老輩。〔按，「之中」丁酉本作「教」。〕

老子後學兩派：一派清虛，莊、列是也；一派治國，申、韓是也。老氏之教爲我，墨子猶稍勝之。〔按，「老氏」，丁酉本作「老學」，「猶稍勝之」作「稍勝於老」。〕

孔子制度在春秋，義理亦在春秋。然義理於易尤多，乾、坤二卦尤多。〔按，「於易尤多」丁酉本作「於易爲多」，「乾坤」上有一「於」字。〕

孔子有經有緯，緯者口說微言也。緯書雖有禮學，而以發明天道爲主。〔按，丁酉本於「有經」下有一「亦」字，無「口」字。〕孔子謂，書不盡言，言不盡意。然則，聖人之意，其可得見乎？書者，六經也；言者，口說也；意者，聖人所未著之經，未傳諸口說者也。然則，聖人之意一層，猶待今日學者推補之。〔按，自「孔子謂」以下，丁酉本均缺。〕

現在歷學、天文學皆出孔門。諸子書莫不以儒墨並稱，可知墨學是儒學勁敵。〔按，此條前句丁酉本無「皆」字，並連上條。後句自成一條，且作「戰國與孔子争教惟墨子，故諸子書皆儒、墨並稱」。〕

六代之樂皆孔子之樂所託者也，咸池、韶舞隔春秋二千年尚有存乎？宋樂曲十六字調今祇得七字，況當時乎！〔按，丁酉本於「韶」下有一「武」字，「舞」下有一「豈」字。〕

魏文侯立博士求六代之樂，是行孔教第一人。是行之一國。秦始皇立博士四百餘人，二世尚七十餘人。是行之天下。漢武立五經於學官，孔教遂定一統。孔學推行至盛，以後漢爲極焉。〔按，丁酉本「七十」誤作「七千」，「漢武」下有一「帝」字，「一統」作「於一」，「至」作「最」，「以」作「至」。〕

孔子之道，言義理在仁，言人倫在父子，言制度在井田。

孔門兩大派，孟子荀子。傳經之功荀子爲多，孟子多言經世。孟子言仁制，經天下者也；荀子言禮，正一身者也。〔按，此句丁酉本作：「孟子言制，荀子言禮。制，經天下者也；至禮，如客之類，正一身者也」。〕孟學從内出，荀學言外入。内出，故重擴充；外入，故言踐履。〔按，自「孟學」以下丁酉本缺。〕

太康九年古學行，而今文皆亡矣。〔按，丁酉本「古學行」作「用古文學」，「今文」下有一「學」字。〕

隋經籍志傳公、穀者只三人。傳經學者，至唐孔穎達而至。

六朝經學，南朝遵鄭，北朝遵王，皆古文學也。

唐以詩賦取士，無人能通經學，韓退之力矯浮靡，雖只成得一文章家，於經學無與，而已開宋儒之義理焉。〔按，「無人能通經學」丁酉本作「無一人通經學者」。又，「韓退之」作「韓昌黎」，「只」上無「雖」字，「宋儒」作「宋學」。〕五代無一人言學。至宋，經學之興始於歐陽文忠，激揚氣節始范高平。散文亦開於歐陽文忠，文忠爲昌黎再傳弟子。昌黎學出於文中子，爲散文之源流。故宋一代，義理折衷於閩、洛，文章折衷於歐陽。〔按，丁酉本「文忠爲昌黎……」作「歐陽文忠乃昌黎……」，「故宋一代」作「故有宋一代」。〕

宋儒多本禪學，即孟子心學。〔按，「多本禪學」丁酉本作「之學皆本禪學」。〕

南宋之學，朱、張、呂、陸四大家，別有永嘉之學，而朱子集大成。

邵子之學本於先天，先天本九宮，九宮出易緯，然究非聖學正派。邵子出入於老氏爲多。〔按，「邵子之學」丁酉本作「邵子數學」。又，丁酉本無「邵子出入於老氏爲多」一句。〕

朱子不治春秋而但言義理，通孔子之人學，而不通孔子之天學。〔按，「通孔子……」以下丁酉本作「於孔子之道，祇得一半」。〕

朱子亦疑左傳，謂邱明全無義理。〔按，「邱明」上丁酉本有一「左」字。〕

朱子一生精力全在四書，大學、中庸爲最，而六經無與焉。

元世用朱學，延祐六年立爲科舉，以四書立學官，直至今日。

後漢氣節，孔子治效之極也。晚明氣節，朱子治效之極也。

明代全言心學，有朱王之争。晚明高顧二先生力矯之，言氣節，故有東林焉。

王學攻朱學以支離，朱學攻陸王爲狂禪。

晚明顧亭林、黄梨洲反而提倡讀書。

國朝考據，亭林開其先，梨洲以心學而爲考據，結王學之終，二公皆開本朝漢學焉。〔按，自「王學攻朱學」至此三段，丁酉本無。〕

黄、顧爲宋、漢學樞紐，黄爲宋學之終，顧爲漢學之始。〔按，此條丁酉本接於「明代全言心學……故有東林焉」下。〕

國朝戴東原專主小學，其弟子一爲段金壇，一爲王高郵父子。金壇言訓詁，高郵言語氣，小學至此而極。

戴東原集漢學大成。

乾、嘉言經學，道、咸言小學，咸、同後言高郵之學。〔按，丁酉本「咸、同」作「自」。〕

詩經，乾隆後尊毛，而攻鄭攻朱。

目録之學本於藝文志。

鄭夾漈圖譜略、校讎略最好，氏族略次之，七音、六書不佳。

漢朝關内侯一爵。一實侯一爵土，一爵是三等，與春秋三等同。〔按，「土」字丁酉本作「王」。並旁注曰：「有誤。」〕

孔門顏子之學從内出，似孟子，而後儒陸象山、王陽明輩近之。曾子之學從外入，荀子似之，而後儒如朱晦翁亦近。曾子之學從内出者，自誠明也，從外入者，自明誠也。〔按，此條丁酉本無。〕

學術源流(三)

何以日主歲功？日爲地之主也。〔按，「何」丁酉本改作「向」。〕

地火之中，無數小星。

凡圓轉於空中者，無不圓。

地質每年一層，以地動之故。木亦然，内長外長皆同。

年者，自然之理。

凡天地自然之理，皆不能磨滅。

周時希臘巴固它拉始言地動，嘉靖五年，哥白尼大詳之。〔按，丁酉本「巴固它拉」作「伯父地拉」，「大詳」作「大暢」。〕

高冲低冲不能考定地之高低，人在地動中不能知也。〔按，丁酉本於「不能考定」上有一「萬」字，「人在地動中」作「人在地中」。〕

春秋分有定，冬夏至無定。

康先生重定曆以春分爲主。〔按，丁酉本無「康」字，「定」作「言」。〕

堯典冬至低冲，今日差三十餘分。〔按，丁酉本「三十」作「二十」。〕

康熙間，奈端創重學。〔按，丁酉本於「奈端」上有「意大利」三字。〕

法天文家拉固拉失以重學考出天王、海王。〔按，「拉固拉失」丁酉作「拉伯瑟」，無「出」字。〕

將來地行無冬夏，高冲低冲。〔按，「低冲」丁酉本作「卑冲」。〕

地之大小從日火迸出時已定。〔按，「日火」丁酉本作「火星」。〕

洪水者，當時地球水未乾盡。

凡諸星莫不有洪水。〔按，此句丁酉本作「凡諸書莫不言洪水」。〕

天地之大德曰生，生生之謂易。聖人只做得生生二字，天下之理只一生字。聖人扶陽而抑陰者，尊生而抑死也。〔按，「聖人扶陽」下丁酉本另作一段。〕

生有二：曰自然之生，曰人爲之生。〔按，「自然之生」丁酉本作「自然之理。」〕

唐花者，人生也，人事之極可補天功，亦不外生而已。

有熱而後生，學者熱極，則可以生生矣。〔按，「極」丁酉本作「力」。〕

凡有濕則能生，故石上無土亦可生苔。〔按，丁酉本「苔」上有一「莓」字。〕

生物始於苔，動物始於介類，珊瑚卽小蟲所成。〔按，丁酉本無「所成」二字。〕

花剛石火山結成也，小蟲石與土質相類。

蟲類爲生物最始者，故其愚與草木等。〔按，「生物最始」原作「生始之始」，據丁酉本改。〕

草木與人相去不遠，觀其骨節可知。人與禽獸之相近更不待言，不過有豎立橫行之別耳。〔按，丁酉本「更」作「皆」，無「不過……」一句。〕

倒生最愚，橫生始有知覺，立生者則有靈魂。〔按，丁酉本「橫生」下有一「者」字。〕

新金山猴子猩猩之類，能結屋高至丈餘。

蟲變化多，然愚矣。凡智物則不能有變化，造化之技亦止於此矣。〔按，丁酉本脱「造化」二字。〕

古之時，地球力大而厚，故草木亦高大。〔按，此條丁酉本作「古時之地大力厚，故草木極大，人亦高大」。〕

南花旗温士敦亦有大木，巴西木亦極大，皆近赤度之故。〔按，「赤度」丁酉本作「赤道」。〕

未墾之地必肥美。〔按，丁酉本無「美」字。〕

波斯當夏戛於達已攻希臘。

奧大利有石腹，由人功非天造，不知有天造而極類人功者。

希臘自虞舜六年嬰齊氏始立國，亞齊至今猶是無數小國。

苗人名目同於歐洲。

印度之白摺額，爲人道之始。〔按，上「之」字丁酉本作「即」，「人道」作「人類」。〕

書經自堯典外，無稱唐者，皆言先民有夏，先民有殷。

孔子以前未有過萬里長城外，禹貢之域與周無異，知孔子所作也。凡每朝必闢地，烏有由夏至周千餘年不闢地之理！〔按，「域」上丁酉本有一「方」字，無「由」字。又，「凡每朝……」下丁酉本另作一條。〕

湖北之地，自若敖、蚡冒始啓山林，烏能知衡山？

希臘之七賢，波斯之阼樂阿士杯，印度之九十六外道，皆在周時，與周、秦諸子同。〔按，「阼樂阿士杯」，

丁酉本作「造落阿士堆」。又，丁酉本句末尚有「地大物博，故能創政教」一句。〕

佛之生，或云在周穆王九年，或云在周莊王二十五年。〔按，丁酉本無「之」字，上「云」字作「謂」。〕俄西北利部，每年獸傷人者二萬六千餘。〔按，丁酉本「北」作「伯」，無「二」字，「餘」下有一「人」字。〕獵爲孔子所定之制，因人與獸争也。古時禽獸逼人故如此。〔按，丁酉本「所定之制」作「定制」，「古時」作「古人」。〕

天子諸侯臺門，可知古人皆武人爲於大君。

洪水以後，人多居崑崙左右。

六經多有韻，諧叶之文，原以逮下爲主，令人易讀。後人鑿之使便，反失孔子之意。如詩經：伐柯如之何？匪斧不克。取妻如之何？匪媒不得。藝麻如之何？横縱其畝。取妻如之何？必告父母。疑當時孔子雜取各處童歌爲之。

凡言内學者，其徒必聰明絶特，而後其學可傳。言外學者，講持循踐履，從篤實一邊去，其徒雖非極聰明，亦足守其學。故孟子多言内學而少高弟，故無傳人；荀子多言外學，故漢世經生皆出其門。吕覽言，荀卿之徒著書布天下，其學派之盛可想。宋儒朱、陸亦然，朱子多言外學，故後學極光大，終宋之世，朱學一統。陸子卒後，其學漸微，職是故耳。

凡言内學者，非無外學也，言外學者亦非無内學也，但宗旨在是耳。〔按，以上四條爲丁酉本無。〕

學術源流（四）

太康九年立九經博士：易王氏、鄭氏，書古文孔氏，禮鄭氏，孝經鄭氏，論語鄭氏，春秋杜、服，詩毛。〔按，丁酉本「九經」作「十四」，「論語鄭氏」下尚有「何氏」二字，「杜、服」作「左氏」，「詩毛」作「毛詩」。〕

老、莊之後，全是佛學，南朝僧二百餘萬，北朝僧六十餘萬，佛學大盛。〔按，「六十」丁酉本作「七十」。〕

謝靈運帶兵游山。

老、莊、佛、列，山水辭章，晉之風流。〔按，首句丁酉本作「老、莊、列、佛」。〕

宋初太宗甚好文史。〔按，「太宗」丁酉本作「大臣」。〕

五代經學不講詞章，亦極卑下，詞學實萌芽焉。〔按，「亦極卑下」丁酉本作「亦下賤」。〕

汪輝祖三十成儒。

宋學皆自韓退之開之，後來發揮光大，頗病退之之淺，然發軔之功不可沒也。〔按，「韓退之」丁酉本作「韓愈」。又，「後來」以下丁酉本無。〕

柳仲塗刻昌黎集。

歐陽公得一昌黎集。穆子長傳古文於尹洙，歐陽從尹洙受學。由歐陽以下能講經學，東坡、荆公、曾子固等能發明之。

倡經學詞章者歐陽公也，倡義理氣節者范文正也。

張横渠好言兵，見文正，授以中庸。〔按，丁酉本重「文正」二字，「中庸」下有「遂鋭意窮理」一句。〕

北宋胡安定，南宋楊龜山。

周子授學於程子，其説紛紛。

太極確爲周子所作。〔按，「確爲」丁酉本作「真」。〕

老子之學得孔子之一端。

程子縱非受業於周子，然傳其學者也。

周、程全從孔子繫辭、中庸而出。

明道近顔子，伊川近曾子。朱近伊川，陸近明道。〔按，「朱近伊川」以下丁酉本無。〕

横渠之學深思獨得。

周、程、朱、張二千年來莫之能及也，其學爲孔子傳人，然尚非嫡派耳。〔按，「莫之能及也」丁酉本作「未有及之也」。又，「然尚非」以下丁酉本無。〕

關中張横渠得心思之學。

司馬文正甚純篤，朱子許爲九分人。未滿意者，窮理尚粗也。〔按，「朱子」以下丁酉本無。〕

范祖禹華陽，劉安世元城是司馬弟子。〔按，丁酉本「華陽」在「范祖禹」上，「元城」在「劉安世」上。〕

邵子爲學，朝經暮史，晝子夜集。

邵子得李子才之學。

邵子精於數學，然亦不傳於世。

周、程、朱、張、邵五子，真能窮天人之理者。〔按，「五子」丁酉本作「五先生」。〕

邵子之學處處加倍，八卦變爲十六卦。

邵之易學，亦孔子一端之學也。〔按，上「之」字丁酉本作「子」，無「亦」字。〕

司馬之學盡入程門，程子傳至朱子爲一大宗。

陸子之學專以悟爲宗，如膜中烈日，此佛學也。

朱、張、呂、陸，南宋學派也。

永嘉之學，專講經濟。

福建學派講佛學。

朱子天分高極，無所不通。其學問有本有末，遍注五經，詞章甚佳，詩亦自成一家。生平極精風水，極肯著述，晚年讀書至失明，其平日用功可知也。〔按，丁酉本「高極」作「極高」，「甚佳」作「甚精麗」。〕

明朝無一字不是朱子之學。

兩漢行孔子學，三國六朝行劉歆學，有宋至今皆朱學。〔按，丁酉本無「子」字，「劉歆」下有「僞古」二字，「有宋」作「自宋」，「朱學」作「朱子之學」。〕

葉水心極聰明，文章甚佳，然大道究無所得。〔按，丁酉本「然」作「非」，「究」作「終」，「得」下有一「也」字。〕

陸子言心學，實得力於孟子。〔按，此句丁酉本作「陸子靜專講心學，得孟子之傳」。〕

朱子不佩服吕東萊，又謂司馬君實是九分人，以其窮理功夫未到也。〔按，「又謂」以下丁酉本無。〕

孔子之學專講人事爲主。〔按，丁酉本無「爲主」二字。〕

陸象山語録甚可觀。〔按，「象山」丁酉本作「子静」，「語録」作「語學」。〕

黄勉齋見朱子，適不在，卧於陋房三日，而朱子回。後朱子妻以女，卒爲大弟子。〔按，「朱子妻以女」丁酉本作「朱子以女妻之」。〕

〔勉齋教人真實心地，刻苦工夫。〕〔按，此條據丁酉本録存。〕

真西山晚節大壞。

魏了翁甚聰明。〔按，「甚」丁酉本作「極」。〕

王伯厚考據甚精。〔按，「甚精」丁酉本作「精詳」。〕

本朝風氣似唐，好詞章。〔按，「好」下丁酉本有一「講」字。〕

明朝似漢。

北宋之學發於范、歐陽，成於程子。南宋全是朱學。〔按，「朱學」丁酉本作「朱子之學」。〕

中國之學盛於後漢，其次南宋，其次晚明。

西山蔡元定爲朱門大弟子，朱子不敢以弟子相待。

孔子之後孟、荀甚似朱陸，荀似朱，孟似陸。

東坡聰明似朱子。

宋、明發揮心學，士大夫確有所補。〔按，丁酉本於「士大夫」上有一「於」字，「確」作「頗」。〕

詩、穀梁、禮三者，皆出荀子。

北朝行鄭書，南朝行孔書。〔按，「鄭書」之「書」據丁酉本補。〕

服氏注左氏卽鄭注。

孔穎達南人，不用此派，十三經注疏是其所定。

何晏、王弼好老、莊而經學衰，晉世皆二人風氣。

牟子尊佛學。

魏書釋老志可觀。

韋澄之母讀周禮，教其五女，並教天下。

〔文學、元學、經學、史學，號四學，梁武帝所立。〕〔按，此條據丁酉本録存。〕

唐代叢書，最好小說。

李習之始言性，從中庸悟出。

佛言性善，宋人惑之，故特提出孟子。〔按，「提」丁酉本作「言」。〕

漢人得力春秋，宋人得力中庸，繫辭似出子思之手。

本朝待民甚厚，永不加税，從古未有。

唐朝赴科者八百餘人。

朱子謂，昌黎一生讀書只爲作文計。然當時尚詞章，風氣然也。〔按，此條及下條爲丁酉本所無。〕

昌黎闢佛，其論太膚淺，佛氏精微處彼實未曾見得到，故云云。然彼既未明乎孔教之條理，則其闢佛也爲無本之學，無怪朱子以詞章家目之也。

學術源流（五）

太極以前，無得而言。

日火質爆而成地。

光緒十一年，日有大黑點，測得十三萬里。〔按，丁酉本無「黑」字，「測得」二字據丁酉本補。〕

道家始於命門，醫家亦然，蓋舍熱質無以爲人。

大地分點變月，木星向測得四個月，今測得八個月。〔按，「向」字丁酉本作「之旁」。〕

高而上者成花剛石，下而底者成江海，地震必於赤道之間者，其處有隙，火氣所凝從此出。〔按，「江」丁酉本作「河」，無「此」字。〕

海之所生，蚧爲最先。

苔爲生物之始。

孔子作易，至變而極。

地壽五萬歲，邵子測以爲七萬歲。

地下五十里煤之下，有大獸骨及蚧類。

荒古以前生草木，遠古生鳥獸，近古生人。人類之生，未過五千年。〔按，「未過」丁酉本作「不能過」。〕

英國有花長四尺，葉如劍，捲食人獸，此草木之最聰明者。

墨西哥掘開古城，別有文字。

竹節有定數。

人頭骨五節，足二節，身七節，手二節，掌三節。〔按，「身七節」據丁酉本補。〕

洪水、流沙、蟠木。

阿非利加洲有流沙，流沙自翰海過土謝陶□神顛。〔按，「土」丁酉本作「士」，「陶」下一字不清。〕

崑崙爲地頂，卽今伊犂。

崑崙既起之後，大雪山離地至二千餘丈。

印度開國甚古，當堯、舜時，義理政教文字已可觀。〔按，「堯舜」下丁酉本有一「之」字，「已可觀」作「甚古」。〕

以風水論，印度開國最先。〔按，下半句丁酉本作「印開至先」。〕

崑崙出天山、杭海山、大金山，走興安嶺、走大加海。

四川亦近崑崙。〔按，丁酉本無「亦」字，「崑崙」下有「地頂」二字。〕

中國向東。

雲南佛學盛於元朝末。

青海爲拉爾楚河、鴉江、龍江河入於聚州。

潞江卽盧水，入中國。〔按，以上三條爲丁酉本所無。〕

陰陽奇偶二字，包括萬有。

歐洲離崑崙遠，開國遲；中國去崑崙近，開國早。

蟠木古名郁珠，亦名老林阿澤，古之所謂蟠木。

印度生在洪水之後。

黄帝始制文字，伏羲始制琴瑟。

人類始自黄帝，中國皆黄帝子孫。〔按，丁酉本無「中國」以下一句。〕

禹貢以冀州卽今山西。爲帝都何哉？山西有恒山，又謂五臺山。

山西卽恒山，東邊一門口入，南邊一門口入，其地極多山，又高險。〔按，「卽」丁酉本作「一」，「南邊一門口入」之「入」作「出」。〕

山西爲中國地頂，面向黄河，左氏所謂表裏山河。

山西阿林州無人迹。

吕宋、蘇禄隔水，人不行，於是一二三里爲一國，無舟故也。中國遠古多國，其故亦如是。

山西至今有穴居者。〔按，丁酉本「今」下有一「尚」字，無「者」字。〕

漢班超闢三十六國，去孔子九百歲。

日本開於漢，中國開自黃帝，苗人不同中國種族，今之犵家是也。〔按，「犵家」丁酉本誤作「犵山家。」〕

人有三族譜，天人民。天地生之本，祖宗類之本。穀梁傳：母之子也可，天之子也可。〔按，「民」丁酉本作「氏」。〕

洪水以前政教無可考，禹貢一篇洪水既平之文。

中國始於黃帝而實開於夏禹，臯陶言蠻夷猾夏，諸子傳記言華夏、諸夏。〔按，首句丁酉本作「中國至夏禹始光大」，「諸」下無「子」字。〕

諸威當堯時，英齊生舜時，歐洲巴庇倫當夏時，埃及當商時，希臘當周時。〔按，「庇」丁酉本作「比」。〕

今土耳其即巴庇倫。〔按，「即」下丁酉本有「當時」二字，「庇」作「比」。〕

大流士大宅耳當周時滅國，東至印度，西至但丁。〔按，「時」丁酉本作「朝」。〕

〔通地球政教文字不出四大域。〕〔按，此條據丁酉本録存。〕

地球諸教皆起於春秋時。

佛生於周莊王三十一年，佛十五傳至馬鳴。

雲南李程中孟子與佛同時考。張受璜以爲黃帝至今六千年，洪水至孔子二千年。〔按，「程」丁酉本作「澄」，「黃帝」上有一「自」字。〕

五帝無少昊，凡今學家皆然。〔按，此條丁酉本與下條次序互易。〕

孔子以後始有姓。

英國權革拿定至親不婚之禮。

印度、波斯與三代制度相類。

外國民多養鳥獸，種蒲桃。

亞力山大滅十二國。

歌麻爲天地元音，人始生落地卽曰呀，泰西聲音多用歌麻韻。〔按，丁酉本「多」下無「用」字。〕

〔印度聲甚低，故多用四支韻。〕〔按，此條據丁酉本録存。〕

蒙古、滿洲皆天竺餘音。

白帝額過歐洲開人種。

老子之弟子楊朱，生當孟子時，可知孔子在老子之先。

史記有三老子，而秦太史儋卽著書老聃，「儋」、「聃」同韻，見汪中述學。〔按，丁酉本「儋」上有一「蓋」字，無「汪中」三字。〕

地有八層，每一層五十里。第一層火質宛息士生蚧，二層生苔，三層鼻耳示生草木，四層生炭石，五層百邑示生獸，六層生鳥，七層生泥，八層生人，約每萬年生一層。〔按，丁酉本「士」作「土」，「二層」上有「第」字，兩「示生」均作「永生」，「生炭石」作「盡炭石」，「生泥」作「生泥石」，無「約」字。〕

堯、舜如今土司頭人。〔按，丁酉本於「如今」下有「之滇、黔」三字，末有一「也」字。〕

宋、元、明土司傳土司，至大者爲都大鬼子，卽古諸侯。〔按，丁酉本於「傳」下有一「世」字。〕

馬氏繹史考古甚詳。〔按，丁酉本「氏」作「史」，「考古」作「考史」。〕

亞當、波斯、印度，俱被洪水。

地大人多必智慧。

外國七日禮拜出佛，印度開國早故也。〔按，下句丁酉本作「印度其開國甚古也。」〕

印度以母爲姓，名在上，姓在下，彬頭盧是也。〔按，丁酉本「印度」作「其國」，「母」下有一「姓」字。〕

婆羅門教拜天。〔按，丁酉本無「教」字。〕

畫以武梁祠堂畫像爲最古，文字以石鼓文爲最古。〔按，丁酉本無「像」字。〕

疏侖議院。

折固它拉戒殺。

五倫實兩倫，父子兄弟從夫婦出，君臣亦近於朋友。〔按，丁酉本「近」下無「於」字。〕

樹木凡每年生一層。

中國大禹、巴比倫、婆羅門生同時。〔按，丁酉本「生」作「俱」。〕

凡地球各國之人物，開在洪水之後，堯、舜年間。

學術源流（六）

中國人向來窮理俱虛測，今西人實測。〔按，此條丁酉本作「向來言理虛測，今實測」。〕

〔中國黄帝一大姓，中國皆黄帝子孫。〕〔按，此條據丁酉本録存。〕

苗人各政教名號向與中國異種。〔按，丁酉本「政教」作「改」，無「向」字。〕

下有孔子，上有黄帝，故制度一。〔按，丁酉本兩「有」字均作「出」。〕

伏犧當是黄帝從祖。

洪水或以爲七年，或以爲十年，殆未至此。禹所治者，乃洪水末流耳。

禹將黄帝制度行之九州。

〔中國治自禹始，故言中夏、華夏，華亦夏之轉音也。〕〔按，此條據丁酉本録存。〕

書蠻夷猾夏，孔子語可知唐、虞，皆追王耳。〔按，丁酉本「猾夏」下有「漢唐」二字，「孔子」以下語無。〕

古今三大朝，夏、漢、唐。〔按，此條丁酉本無。〕

佛生於周穆王三年，或云周莊王十七年。〔按，丁酉本「穆王」上無「周」字，「或云」上有一「又」字。〕

佛先孔子數十年而生。〔按，丁酉本此句作「佛生先於孔子數十年」。〕

阿育大正天王是佛教第八傳弟子，與始皇同時。〔按，丁酉本無「正」字「教」字。〕

萬國同風考。先生著。

堯舜皆孔子創議。

黄帝至今六千年。

洪水後方有人，無五千年以上死人骨。〔按，丁酉本「死」作「之」。〕

〔孔子至今二千九百餘年。〕〔按，此條據丁酉本録存。〕

夏至今四千年。〔按，「四」丁酉本作「五」。〕

紀昀之族譜，七世祖已不可考，況上古事乎！〔按，「紀昀」丁酉本作「紀曉嵐」。〕

〔五帝有少昊乃劉歆謬説，有史記可考。〕〔按，此條據丁酉本録存。〕

凡太古之事宜存疑。后稷有母無父，或人倫未定，故託之天，未可知。〔按，「存疑」原作「傳疑」，據丁酉本改。〕

娥皇以曾祖姑嫁姪孫。〔按，丁酉本於「孫」下有「謬説也」三字。〕

百世婚姻不通者，周道然也。然則，夏、殷可知不然。

夏萬國，湯三千國，武王八百國，由小并大，勢也。

古所以多小國者，以舟車未通，故不能兼併耳。〔按，「以舟車未通」丁酉本作「以不能通舟車」。〕

古多養禽獸，後來始耕。

禮始於飲食。

鳥獸弱者養，猛者逐。

古極尚鬼神，至孔子而翻案。〔按，丁酉本無「極」字。〕

古俗淫佚，如衞靈公、衞宣公等，皆孔子未改制故也。必知舊俗之亂，乃知孔子之功。〔按，丁酉本「宣公」作「宣子」，「必知」上有一「故」字，「之亂」作「者」，「乃知」作「方知」。〕

呂望，老婦之出夫也，見韓非子。可知夫婦一倫未定。

古未有謚，如商之帝乙、帝丙可知。〔按，「未有」丁酉本作「來無」，「帝乙帝丙」作「帝甲乙丙丁等」。〕

凡公羊所譏者，皆舊俗也。〔按，丁酉本無「凡」、「皆」二字。〕

孔子改制之功大矣。天不生仲尼，萬古如長夜，信哉！〔按，丁酉本無「孔子改制之功大矣」一句，「仲尼」作「孔子」，「萬古」上有一「則」字，無「信哉」二字。〕

管、晏皆舊書。〔按，「舊書」丁酉本作「僞書」。〕

楊朱、子思同時。

老子，孔子後學，當爲儋，非聃。〔按，丁酉本「孔子」下有一「之」字。〕

六經皆作於孔子。此義讀先生所著改制考自明。〔按，此句丁酉本作「六經皆孔子作」，並無小注。〕

學術源流（七）

地球之生約四萬年，分三古，曰荒古，曰遠古，曰近古。

大象是洪水以前物。

各國皆言洪水，洪水後方有今日世界。

漢書諸西國皆在今崑崙山，不止葱嶺也。佛之阿彌，卽崑崙。古之瀚海，卽今戈壁。〔按，丁酉本「古」下有「謂」字，下句作「今謂之戈壁」。〕

波斯、印度、希臘及中國，約分四教。〔按，「及中國」三字據丁酉本補。〕

地球之聰明大略相仿，印度開國最古，各國政教多從印度出。〔按，「印度開國最古」一句據丁酉本補。〕

埃及開國文物後，而希臘大盛。〔按，丁酉本無「國」字。〕

埃及墓甚大，爲四大奇之一，其石人石馬等皆數百丈。〔按，「數百丈」丁酉本作「百數十丈」。〕

孝經緯謂，託先王以明權，一部春秋是也。〔按，末句丁酉本作「春秋公羊所謂」。〕

諸教皆本於仁。

傳經之學，子夏爲多。〔按，「爲」丁酉本作「最」。〕

孔子徒侶六萬，見穆子長集。呂覽謂，荀卿之徒著書布天下。〔按，「呂覽謂」以下丁酉本無。〕

孔、墨弟子各以其學教天下。亦見呂覽。

孔子時創教者甚多，如棘子成、子桑伯子、微生畝、沮溺、丈人、以德報怨之或人、原壤等皆是。

朱子不獨徧注羣經，卽楚詞、參同契等書皆有注，且文章詞詩皆工，畫亦工妙。〔按，丁酉本無「書」字，「詞詩」作「詩詞」，無「妙」字。〕

老子之學只偷得半部易經，墨子之學只改得半部春秋。〔按，丁酉本「改」亦作「偷」。〕

著書之老子與問禮之老子，及莊子所稱老萊子，分三人。見述學。〔按，「及莊子所稱老萊子」一句丁酉本無，「分三人」作「分爲兩人」。〕

〔老聃、老萊子、老儋，太史公亦分爲三人。〕〔按，此段據丁酉本補。〕

老學分治學、教學兩派。〔按，此句丁酉本作「老子之學分兩派，教學治學也」。〕

莊子乃孔子後學而兼老學者也，天下篇力尊孔子而自以爲出老子外，則未也。〔按，丁酉本無「乃」字，「老學」作「老子」，「則未也」作「則未能也」。〕

莊子發揮輪迴之說，與佛氏合，如火滅薪傳，蟲臂鼠肝之類是也。〔按，丁酉本「發揮」下有「佛氏」二字，無下「與佛氏合」一句。「薪傳」原作「薪存」，據丁酉本改。又丁酉本無「是也」二字。〕

莊子內外學俱有，而內學多，聰明太高，不肯下手耳。

養生主言治法甚精。〔按，丁酉本無「甚」字。〕

田駢、愼到開一派。〔按，丁酉本無「一」字。〕

楊子卽老學之一。〔按，丁酉本無「之一」二字。〕

老子險狠到極，外似仁柔，如猫之捕鼠耳。申、韓皆祖老氏也。〔按，丁酉本無「到」字，末句作「申原於老學也。」〕

尉繚、鬼谷、商君皆出老子。〔按，「皆出老子」丁酉本作「皆老子學」。〕

墨子專攻孔子，改三年喪爲三月，改親迎，薄葬，非樂，非命，能以死教人，悍極。

游俠亦墨學，宋牼、許行亦墨氏別派。

道家神仙家漢書藝文志已分兩派，今世所謂道家，不出於老子。

鄒衍奇誕，與莊子皆爲孔學別派。

老學不盛於戰國，而盛於漢初。

緯即口說，當時未著之竹帛。

王肅僞撰小爾雅、家語、大禹謨、太誓、甘誓、牧誓、微子之命諸篇。〔按，丁酉本無「甘誓、牧誓」四字。〕

唐分九經：詩、書、易，三傳，三禮也。

晉朝掃盡經學，專宗老、莊，至南朝崇尚詞章，兼佞佛。〔按，「兼佞佛」丁酉本作「兼談佛學」。〕

北魏之顯文帝出家，梁武捨身，可謂大惑。

梁武在雞鳴山立儒、玄、文、史四學。

佛學至今已無教矣。達摩如儒之劉歆，六祖如鄭康成。日本佛尚有教，中國則宗耳，宗有十派。

范文正通經學，崇氣節，行道救時；歐陽公經濟文章提倡風氣，爲功甚鉅。〔按，此條丁酉本作「范文正高談氣節，通經學古，行道救時；歐陽公文章開山，風氣一變，爲功甚鉅。」〕

安石黜春秋，黜儀禮，目春秋爲斷爛朝報，儀禮至今不以命題。〔按，丁酉本無「目春秋爲斷爛朝報」一句，下「儀禮」上有一「故」字，無「以」字。〕

朱子專發揮四書、繫辭、中庸，其道最大。元、明皆朱學，明正德之後王學盛行，至國朝而朱學復昌。〔按，丁酉本無「揮」字，「王學」作「王陽明之學」。〕

〔自古大一統之國莫過於波斯，其地萬餘里。〔按，自此下據丁酉本録存。丁酉本列作「學術源流八」。〕

六經皆孔子作，百家皆孔子之學。

仁義出於天性。仁義禮智信，天理也，非聖人所立也；若其條理，則聖人所立也。

孔子感列國之争，哀生民之艱，於是發憤改制。

公孫龍爲墨子後學。

孔子義理多在易及乾、坤二卦，餘多存諸子口説。

天文學、歷學皆出孔子門。

孔子弟子不以富貴爲事，專以傳教爲事。

南洋諸小島無學校，何疑於三代無學校，漢文、景尚無學校。

自宋以來，公羊、儀禮無人誦者。

終漢之學則孔子，終六朝之學則劉歆，終明之學則朱子，古今三大變焉。

王心齋之流最好近溪。

終明之世，其在永樂之時皆宗朱子，自白沙少變，陽明大行，遂終陸焉。

六緯，孔子窮極天人之書。〕

婆羅門教尊君卑臣，重男卑女，立父子。〔按，自此條以下丁酉本分列爲「學術源流九」。〕

巴比倫當夏，埃及當殷，希臘當周。

太古之時全是獸地，中古人出與獸争，今日人多故獸少。

老子之清虛柔退出於孔子，墨子兼愛亦出孔子。

墨子學孔子之道。見淮南。〔按，此條丁酉本無。〕

老子上卷講清虛，下卷講治國。

列子言天地乃空中一細物耳，非常之論。

自孔門外，莊子當爲第一書，德充符篇直是忘形體。〔按，「孔門」丁酉本作「孔子」。〕

莊子近老，鄒子近莊。〔按，丁酉本於兩「近」字下均有一「於」字。〕

〔老學不盛於戰國，而盛於漢初。〕〔按，此條據丁酉本録存。〕

太康九年立博士，見晉荀崧傳。

皇侃論語義疏得自日本，此是真書。〔按，「自」丁酉本作「之」。〕

陸德明北學，孔穎達南學。

宋天聖四年，仁宗定爲十三經。

後漢時牟融、楚英王大發佛學。

六朝佛學既盛，老學少衰。

佛學莫盛於北魏。〔按，此句丁酉本作「佛學之盛，莫過於北魏」。〕

老學大盛於東晉，佛學大盛於六朝。

六祖是廣東韶州人。六祖比之鄭康成，達摩比之劉歆。〔按，「六祖比之」以下據丁酉本補。〕

唐昌專言詞章，昌黎因文見道。〔按，丁酉本於「昌黎」上有一「韓」字。〕

五百年來，義理則出朱子，制度則不然，朱子少言制度。

考據家如奴婢，史學家如掌吏，宋儒只得孔子之一二。

元命苞：天地含元流精，然後布氣。易曰：大哉乾元。春秋：元年春王正月。皆以元統天之義。〔按，「王正月」三字據丁酉本補。又，自此條以下丁酉本分列爲「學術源流十」。〕

繁露言陽言歲功，即日也。〔按，「功」丁酉本作「宫」。〕

諸教之始皆本於天，不獨孔子爲然。〔按，「本」丁酉本作「由」，「獨」作「但」。〕

緯書言蒼天、昊天等皆空中之一物也，亦如佛之有三十六天。

昴爲衆行星所繞之星。〔按，「行星」原作「恒星」，據丁酉本改。〕

易：大明終始。董子：出於陽入於陰，生於陽死於陰，皆以日月爲終始。

日至小點有十四萬里。

有氣自有轉運，有轉運自有力矣。〔按，兩「轉運」丁酉本均作「運轉」。〕

夏至高冲，冬至卑冲，春秋分平。

日有吸力之故，地繞不能去，地皆金質。

天地之未崩馳者，惟其熱也。學者亦須有熱力。〔按，「亦」據丁酉本補。〕

中國之猩猩能言，西藏之沙烏那蕩能結屋，與人相近之類也。〔按，「烏」丁酉本作「鳥」，「相近之類也」。作「相類之物也」。〕

〔夏禹、巴比倫、婆羅門俱同時。〕〔按，此條據丁酉本録存。〕

婆羅門舊教至周極盛。

澳洲是新開未經劫者。〔按，「澳洲」丁酉本作「澳大利亞」。〕

挨雅當閃，猶太國所言，人類之始，皆洪水後。

中國自古開方只三千里，至漢武時不過四五百年間而闢地如是，至周時則一里之地不闢。禹貢地與全與周合，何也。〔按，丁酉本無「方」字，「不過」作「又過」，「全與周合」作「與周全同」。〕

王制所言中國地，考之得三千里。

中國至周末始文盛，孔子出而諸子爭教焉。〔按，「出而」丁酉本作「與」。〕

以天下分三等：一等爲混沌洪濛之天下，一等爲兵戈而初開禮樂之天下，一等爲孔子至今文明大開之天下，即春秋三世之義也。〔按，末句「即春秋三世之義也」丁酉本無。〕

日本自唐時始用中國禮樂，地小不能不依於人也。

孔制皆由古來逐漸改變而潤飾之。〔按，「古來」丁酉本作「舊俗」，「飾」作「色」。〕

欲明孔子改制，要先知舊制、舊俗、舊事。〔按，此段丁酉本無。〕

重學，法國那白那失創之。〔按，「失」，丁酉本作「瑟」。〕

今之樹木，最高者莫如巴西温士敦，有數十丈，蓋近赤度故。〔按，丁酉本「敦」作「頓」，「赤度」作「赤道」，句末有「也」字。〕

春秋分三世：有亂世，有昇平世，有太平世。亂世無可得言，治昇平世分三統：夏、商、周，治太平世亦分三統：親親、仁民、愛物。〔按，此條丁酉本無。〕

中國稱堯、舜猶西國稱英齊，中國稱孟、荀，卽婆羅門稱馬鳴、龍樹也。〔按，「西國」原誤作「西齊」，據丁酉本改。又，丁酉本無「龍樹也」三字。〕

讀韓非子顯學篇，始知堯、舜皆後人所托。墨子之言堯、舜，則茅茨土階，極其樸野；孔子之言堯、舜，則山龍華蟲，藻火粉米，黻黼熙繡，極其文采。韓非子所謂堯舜不可復生，誰復定堯、舜之真哉！蓋教主無不託古也。〔按，此條丁酉本無。〕

繁露天副人數篇，言人甚詳，與物相同。

孔子改制（一）

王充謂學稽古，是孔子之稽古。〔按，「是」，丁酉本作「卽」，無「之」字。〕

詩、書、禮、樂，孔子少年所作，易、春秋晚年所作。〔按，丁酉本於此上尚有「六經皆孔子所作」一句。〕

春秋專言人事，易兼言天道，所以中庸必講本諸身。

六經以春秋爲至貴。

荀子傳穀梁，孟子傳公羊。公明儀卽子夏弟子，與子思同時，屢稱引文王。公羊王者孰謂？謂文王也。公明儀的爲公羊大師。〔按，「公明儀的爲」以下丁酉本另作一條。〕

公明高卽公羊高，經傳釋詞引釋名，明、孟、羊皆同音。墨子有公孟篇，卽公羊。

公羊與墨子同時，其教大明，故墨子攻之。而孟子甚尊其言，謂春秋天子之事，條條與公羊相通，孟子的傳公羊之學無疑。〔按，丁酉本「攻之」下有「甚至」二字，「的傳」作「確傳」，無「無疑」二字。又，丁酉本自「公羊」至「相通」與上條聯，「孟子的傳」下另爲一條。〕

儒教立博士，始於魏文侯。〔按，丁酉本「教」作「家」，「始」作「出」。〕

〔韓非子顯學篇，儒分爲八，墨分爲三。〕〔按，此條據丁酉本錄存。〕

曾子傳經以謹言愼行爲主，子夏傳經以洒掃應對爲本，故孟子謂二子皆守約。二子最高壽，最多弟子。齊、魯之間，曾子弟子爲多；諸國，子夏弟子爲多。〔按，「高壽」丁酉本作「老壽」，「諸國」作「外國」。又，末句「子夏」下「弟子」二字據丁酉本補。〕

孟子受業子思之門人，有史記可據，子思受業曾子，無可據。子思作中庸，精深博大，非曾子可比，惟孟子確傳子思之學。子思高出於曾子。〔按，「可據」丁酉本作「可考」，「確傳」作「確得」。又，丁酉本無「子思高出於曾子」一句。〕

曾子、子夏傳孔子之學粗，子思傳孔子之學精。

荀子多以仲尼、子弓並稱，子弓即仲弓，意當時仲弓之學甚盛。於孟子見子思之學，於荀子見仲弓之學，大戴曾子十篇見曾子之學。

孔子改制，其道皆本於天。元者，氣之始，故以元統天，以天統君，以君統人。〔按，「其道」丁酉本作「之學」，「元」下無「者」字。〕

曾子言，天無二日，民無二王，喪無二主。孟子言定於一。荀子亦發揮定一之義。所以李斯爲荀子弟子，相秦而大一統。〔按，丁酉本於「孟子」上有一「故」字，「定一之義」作「定於一」。〕

天地之道出於一，生生之道出於二。

易言生也，生必二而後生，故易多言陰陽。春秋言治，治統於一，故春秋大一統也。

儀禮特立三綱之義，而諸經發揮之。〔按，「儀禮」丁酉本作「禮儀」，「三綱」作「大綱」。〕

儀禮定三年喪之制。夫者天也，父者天也。君以天爲天，天以元爲天。

君師治之本，天地生之本，祖宗類之本，是爲禮三本。〔按，丁酉本惟「君師治之本」一句，下均無。〕

春秋以正名分，分地而治謂之分。

父母並三年喪者，武后定之。

王船山能知舊俗之惡。〔按，丁酉本「能」上有一「亦」字，「知」作「發揮」。〕

列子：嫁於衞，事君以致其身。嫁字、致字甚創。

交字、報字，天下通義也。〔按，丁酉本「天下」下有一「之」字。〕

商鞅開阡陌，亦行井田之制。魏文侯，北魏文帝，皆孔子井田之制。至唐太宗大盛，如租庸調法。〔按，丁酉本「皆」作「行」，無「大盛」二字，句末尚有「亦有井田之意」六字。〕

宋祿甚厚，元、明極薄，本朝因之。

孟子言仁政、王政，皆孔子之政。

論語只言孔子德性，改制則未言。〔按，「只言」丁酉本作「說」。〕

〔孔子改制見諸六經〕〔按，此條據丁酉本錄存。〕

易以爲三聖，或謂禹，或謂文王，實孔子所作。六經皆孔子作。

論衡知書經爲孔子作。〔按，「知」上丁酉本有一「亦」字。〕

莊子天運篇：孔子繙十二經以見老子，即六經、六緯。

〔孔子口說多在緯。〕〔按，此條據丁酉本錄存。〕

據史記，孔子年七十二作春秋。

易、春秋雖言天，實言人。有易、春秋，無諸經可也。〔按，「諸經」丁酉本作「餘經」。〕

公、穀何以不同？孔子口說甚多，各錄其所聞也。〔按，「公穀」丁酉本作「穀梁、公羊」，「各錄其所聞也」作「各不備錄也」。〕

史記謂，通六藝者七十二人。孔子傳之七十二弟子，弟子傳之三千門人，門人傳之六萬徒侶。

孟、荀高出禮記之上。

仲弓，伯牛之子，犂牛之子即指其名。

〔諸教皆不能出孔學之外。〕〔按，此條據丁酉本録存。〕

不愛者謂之不仁，過愛者謂之不義。

喪制孔子加爲三年，墨子減爲三月。〔按，丁酉本無「喪制」二字。〕

孔子最重父子，曾、閔皆得其學。〔按，「皆」丁酉本作「俱」。〕

〔一部儀禮皆言報。〕〔按，此條據丁酉本録存。〕

合八方四面，然後見中央；合中外古今，然後見孔子。

漢命羽林讀孝經。

孔子之義立，然後立得失。〔按，「立得失」丁酉本作「定得失」。〕

孔子内制始父子，外制始井田。〔按，下「始」字丁酉本無。〕

漢武帝以前無太學，用董仲舒、公孫宏等，始立博士。

春秋前皆世卿，二千年來行選舉，皆孔子之制也。〔按，丁酉本無「皆」字。〕

六代樂皆孔子作。〔按，丁酉本奪「樂」字。〕

元朝九調僅存其七，況六代以上，何能傳之。〔按，「存」丁酉本作「得」。〕

詩四首皆首文王，書始堯、舜，孔子重讓也。〔按，「詩四首」丁酉本作「詩四始」，「重讓」上有一「最」字。〕

孔子作緯，劉歆作讖以亂之，後人攻讖並攻緯，大謬。〔按，丁酉本無「以亂之」三字，「並」下亦無「攻」字。〕

衍聖公請復明衣冠，高宗嚴旨申飭。

江充見武帝自作冠服，莊子天下篇：作爲華山之冠以自表，知當時衣服尚無一定之制。〔按，「自作冠服」丁酉本作「自制衣服」，末句作「可見當時衣服之制無一定」。〕

五帝者，黃帝、顓頊、帝嚳、帝堯、帝舜。〔按，丁酉本無「堯、舜」上二「帝」字。〕

淮南子：殷變夏，周變殷，春秋變周。說苑：夏道不亡，商道不作；商道不亡，周道不作；周道不亡，春秋不作。春秋作而後知周之亡也。此皆公羊家說。〔按，「說苑」以下丁酉本無。〕

漢朝尚黑衣，行孔制也。〔按，下句丁酉本作「用孔子之制」。〕

外國以未時爲第二日，俄以十二月爲正月，歐洲以夜半爲第二日。〔按，「俄以十二月」以下丁酉本無。〕

歐洲白統，俄赤統。〔按，「俄」下丁酉本有「羅斯」二字。〕

今上天光大朝，平明行事。〔按，「天光」丁酉本改作「質明」。〕

本朝封明之後爲賢殷侯。

攝政王平西巴西它拿攝爾心。〔按，丁酉本無「平西」之「西」，「爾心」合作一字「⿱爾心」。〕

自漢至六朝質，唐至本朝文。

三十里附庸字之，二十里名之，十五里人之。

〔孔門六萬徒侶，見穆子長入。〕〔按，此條據丁酉本錄存。〕

〔老子偷半部易經，墨子偷半部春秋。〕〔按，此條據丁酉本録存。〕

凡諸星之始皆有洪水，自石上漸高而水漸退。後世孟子、淮南、吕覽所言洪水年數皆非的論。禹之治水，不過助而整頓之，當時洪水實已退。〔按，「自石上漸高」丁酉本作「自石山積高」，「的論」下有「即言」二字，「禹之治水」作「禹治水」，末句作「實當年洪水已退」。又，此條丁酉本在下條之後。〕

易：大哉乾元乃統天，春秋：以元統天。元卽氣也，有氣自有轉運，自有力，亦動静起而形德成矣。〔按，「轉運」丁酉本作「運轉」，「形德」作「德形」。又，此條丁酉本在上條前。〕

中國開於夏禹，書二十八篇惟堯典一篇言堯、舜，餘亦只稱夏、殷，周公不知有堯、舜，可知堯、舜乃孔子追王耳。〔按，丁酉本「中國」上有「要之」二字，無「只稱」之「只」字，「周公」之「公」作「亦」。〕

〔婆羅門舊教至周極盛。〕〔按，此條據丁酉本録存。〕

〔王制所言中國地，考之只三千里。〕〔按，本條據丁酉本録存。〕

凡諸星有大小之殊，皆從日中黑點飛出時已定，後感空氣而成殼，又繞日，故形圓。凡物摩之則圓，故宇宙凡一切形質皆圓。地球繞日一周天，其中物質皆增一層。〔按，「宇宙凡」丁酉本作「天地間」。〕

周官有抑儒之意。

王何以降爲風？孔子以爲周亡於平王，故春秋起隱公，所以繼周也。

孟子謂，三代之失天下也，以不仁。又謂，王者之迹熄而詩亡，詩亡然後春秋作。可知東遷後已當周亡，而孔子作春秋以繼之也。〔按，末句丁酉本作「而孔子以春秋繼周也」。〕

選舉之法，漢最善，日本亦美，民情能上達。〔按，「善」丁酉本作「美」，「日本」下無「亦美」二字，而「民情」下有一「亦」字。〕

銀之行不及五百年。

孔子改制（二）

儒爲孔子特創教名，孔子且口自述之，著於論語。但儒爲教名，雖爲儒教中人，而或爲大儒，或爲小儒；或爲雅儒，或爲俗儒；或爲通儒，或爲陋儒，此君子小人之別也。如轅固生、公孫弘，皆學六經，則皆儒也，而轅固生爲君子，宏爲小人，以轅正直，弘曲學阿世也。〔按，丁酉本於「陋儒」上尚有「愚儒迂儒」四字，「以轅正直」作「以轅固正學真言」。〕

〔淮南子：殷變夏，周變殷，春秋變周，三代之禮不同，以春秋爲一代。說苑：夏道不亡，殷道不作；周道不亡，春秋不作。以此證之，繼周者春秋也。〕〔按，此條據丁酉本錄存。〕

百世以俟聖人而不惑，由百世之後，等百世之王，以春秋治百世也。百世之後，窮則變，變則通，又有三統，此改制之微言也。〔按，丁酉本「窮則變，變則通」作「窮則變通」。〕

公羊：王者孰謂？謂文王也。詩之四始，皆本文王。蓋三分有二，以服事殷，文王大讓，孔子以之，故孔子託文王。此係孔子直以文自承當，絕不謙讓，與公羊符合，論語微言，至爲明確。〔按，「託文王」丁酉本作「上託文王」，「係」作「條」，「與公羊符合」作「與公羊合符節」。〕

詩、樂皆作於歸魯之後，時孔子年已六十二矣。〔按，丁酉本無「年已」二字，「六十二」下有一「歲」字。〕

荀子有正名篇，董子有深察名號篇，皆孔學大義。荀子謂：後王之成名，刑名從商，爵名從周，文名從禮，教名之加於萬物，則從諸夏之成俗曲期。既云從商從周，則後王非商、周可知。非孔子而何？刑名、爵名、文名、教名，非改制而何！〔按，「後王之成名」至「文名從禮」一段，丁酉本錯亂甚，不具録。〕

墨子公孟篇，謂墨子曰：子以三年之喪爲非，子之三月之喪亦非也。墨子謂：子以三年之喪非三月之喪，是猶果謂蹶者不恭也。三月之喪，墨子改制，墨子非儒，故攻三年之喪。以均非時制，皆是創義，故謂同爲恭也。〔按，「墨子非儒」以下丁酉本另爲一條。〕

孔子制禮，以人治人，人情爲用，所謂和也。其墨氏，其生也勤，其死也薄，反天下之心，天下不堪，則不和也。〔按，「其墨氏」，丁酉本作「若墨氏」。〕

三統互用，而託周爲多，以孔子從文王故也。郁郁乎文，即文王也。

墨子攻公孟子，所謂子所古周也，非夏也，知孔子從周爲多。墨子託禹。〔按，「墨子託禹」小注丁酉本無。〕

夏、殷、周三統，皆孔子所託，繁露三代改制質文篇言之甚詳。夏殷無徵，凡三見，安得有如此瑣碎禮文之多也。〔按，丁酉本「三統」上有一「爲」字，「言之甚詳」作「發之最詳」。「夏殷無徵」下爲另一條。〕

孔子最尊禪讓，故特託堯、舜。韶樂即孔子樂。繁露改制篇，春秋應天作新王之事。時正黑統，王魯尚黑，黜夏新周，故宋樂宜親韶舞，故以虞録親樂，非孔子之樂而何？

獲麟爲孔子受命之符，僞左不能爲異説，以彰之於衆口也。

改制皆託三代，故曰述而不作。〔按，丁酉本於句首有「孔子」二字。〕

孔子立三年喪之制而著之於書，蓋古者高宗嘗獨行之，孔子託古定制，故推以爲古之人皆然也。

先王皆孔子所託，法服卽儒服也。

鄭康成兼傳今學，故猶知王制非漢文時博士所作，博士所作乃漢時兵制、服制，非王制也。鄭學雜糅今古，然今日披沙揀金，微言猶賴以存。〔按，「漢時」丁酉本作「今制」，「猶」作「亦有」，末有「者」字。又，「鄭學雜糅」以下丁酉本另作一條。〕

逢衣卽逢掖，孔子改制之儒服也。

〔春秋之義全在口說，口說莫如公羊，公羊莫如董子。〕

〔天之道出於一，生生之道出於二。〕

〔易言其生，春秋言其治。〕〔按，以上三條據丁酉本錄存。〕

戴東原謂，欲識聖人之道，先識聖人之經，是也；欲識聖人之經，先識聖人之字，注意在小學，則謬矣。〔按，此條丁酉本無。〕

孔子之制，一制度，一義理，一倫紀。〔按，此條丁酉本無。〕

天者，統攝之謂，非蒼蒼之謂。〔按，丁酉本句末有一「也」字。〕

孔子之義託於天，天王可出，稱天以治，災異亦然。

〔爲舅姑服三年，武后謬制。〕

〔三達德治內，五達道治外。〕

〔漢無三年喪，至晉始定。〕

〔孔子之理，每一經義，必有一權義。〕

〔孟子最能發揮父子。〕〔按，以上五條，均據丁酉本録存。〕

英國期服，日本亦然。

春秋治天下，孝經治家。〔按，以上兩條丁酉本無。〕

古用民之力，歲不過三日，使民如借。〔按，「歲」字據丁酉本補，「三日」丁酉本作「三月」。〕

仁字從二人相偶而後仁生也，舍仁不得爲人，卽禽獸亦未嘗無仁也。

以佛之聰明，猶託於七佛。安有七佛之事哉？孔子託古，卽此意。老氏亦託於三清。〔按，「猶」丁酉本作「尚」，「孔子」一句作「孔子之託古亦此意耳」。「老氏」作「老子」，此句列爲另一條。〕

董子言，知自貴於物，故聖人敢於殺生，但有節耳。佛氏凡溼生、卵生、化生皆謂之衆生，則平等之義也。〔按，「殺生」丁酉本作「殺牲」，「耳」作「救」，「佛氏」下有「平等故」三字，「溼生」上有「胎生」二字，而無「化生」，「則平等之義也」作「平等也」。又按，此條以下丁酉本另分爲「孔子改制三」。〕

董、孟、荀三子，皆傳孔子口說。〔按，此條丁酉本作：「董、荀、孟三子之言，皆孔子大義口授相傳，非三子所能爲也」。〕

諸子皆通大義，但非孔子之制，故諸儒攻之。〔按，「但非」下丁酉本作「但其制不合孔子，故先儒不得不攻之耳」。〕

詩、書、禮、樂四經多託於先王，其詞甚隱，且少年所作，故弟子多傳之；春秋作於晚年，且不託先

王，其詞顯，故傳者少。〔按，「皆」丁酉本作「多」，「傳之」作「傳云」。〕

天下有道，則庶人不議，庶人卽孔子也。〔按，丁酉本無「則」、「卽」二字，「孔子」下有「自謂」二字。〕

子華子作華山冠，子路雄冠，江充見武帝衣□□之衣，暴勝之繡衣持斧，朱子深衣，司馬公道服，明□□衣菊花衣見巡撫，制度未出於一也。〔按，「□□」兩本皆空格，丁酉本「華山冠」下有「以自表」三字，末句作「蓋制度未定於一故也」。〕

墨與儒並文字亦異，如墨子義作羛之類。〔按，「墨子」二字據丁酉本補。〕

公明儀，公羊之先世，故稱述文王。子儀子爲政，子柳、子思爲臣，與子思並身分極高。〔按，「子儀子」丁酉本作「公儀子」。〕

〔孟傳公羊，多發大義，荀傳穀梁，而不甚發明。〕

〔孔子最先刪詩，次書，次樂。〕

〔孔子最講樂學，故墨子特非之。〕〔按，以上三條據丁酉本録存。〕

行夏之時四句，可知孔子明明改制。〔按，丁酉本「行夏」上有一「玩」字，「四句」作「數句」，無「明明」二字。〕

〔孔子去韶千五年，如何韶樂尚在？其孔子作明矣。若咸池、六英更不具論。〕〔按，此條據丁酉本録存。〕

漢章幸闕里，舞六代之樂，可知漢時孔子樂尚存。〔按，「漢章」丁酉本作「漢帝」。〕

明魏良傳創崑曲。〔按，「明」，丁酉本誤作「唐」。〕

永元初始用孔制，至明朝。〔按，丁酉本「孔」下有一「子」字，無「至明朝」三字。〕

明祭天，天子尚用冕，卽所傳三梁冠、五梁冠是。

三正皆孔子所定，印度與中國同正，俄丑正，英、法子正，緬甸四月，波斯六月，馬達加斯加九月。〔按，「三」丁酉本誤作「王」，「馬達加斯加」作「馬大加朔加」。〕

封建、學校、井田皆孔制，皆從仁字推出。〔按，丁酉本「孔」下有一「子」字，「從」作「由」。〕

今有族姓，所以別男女，孔制也。孔子重父子，故先別夫婦，夫婦別而後父子親。〔按，「孔制」丁酉本作「孔子制」，末句作「夫婦不別，父子不親矣」。〕

諸經皆自夫婦始，三綱以夫婦爲始，以父子爲重。〔按，首句丁酉本作「詩始關雎，易始乾、坤，禮重冠昏，重夫婦也」。〕

〔百世而婚姻不通者，周道然也，可知夏、殷尚不然。〕〔按，此條據丁酉本錄存。〕

佛舍其類，而愛其混者。

地球十四萬萬人，食飯者僅六萬萬，如亞非利加之食桃，蒙古外之食羊肉，皆不穀食者。

孔子先制井田，次制祿，次大一統。

學校、選舉皆自漢武始，孔子之澤也。〔按，丁酉本「孔子」上有一「皆」字，「澤」作「德」。〕

耶氏言神，佛言鬼，孔子並言鬼神。〔按，此條丁酉本無。〕

春秋言人，易兼言鬼。

精氣爲物該道家，游魂爲變該佛氏。〔按，丁酉本兩「該」下均有一「却」字。〕

太古多鬼，中古少鬼，今無鬼。鬼非無也，人道明也。〔按，「鬼非無也」丁酉本作「非鬼之無也」。〕

詩、書、禮、樂皆先王舊名，墨子亦有詩、書、禮，無樂。〔按，丁酉本「無樂」上之「禮」字作「而」。〕

書盤庚當是舊文，故佶屈，餘皆諧叶，孔子作也。〔按，「當」丁酉本作「尚」，無「皆」字。〕

三年喪，晉武始大行之，夏正，漢武始行之，漢初以十月爲正也。〔按，丁酉本無「大」字。〕

墨道難行，由於非樂。〔按，「道」丁酉本作「子」。〕

墨者夷之言儒者之道，古之人若保赤子，是直以詩、書經爲孔子作矣。〔按，丁酉本無「詩」字，「作」作「之經」。〕

劉熙釋名與廣釋名皆可觀，釋名有傳授，廣釋名無傳授。〔按，丁酉本「皆」作「俱」。〕

諸家所引逸詩，孔子少年定本，三百五篇，孔子晚年定本。

引逸詩，左傳一百一十條，荀子三十條，周語二十六條。〔按，「二十六」丁酉本作「三十六」。又，此條丁酉本爲上條附注。〕

樂學最難傳，考梁、隋、唐、遼書，尚有八十四調，而荀昱製爲二十四字調，宋十六字調，元九字調，明七字調。今計以前無三百年以上之曲調，安有韶樂尚存於孔子時乎？其爲孔製明矣。〔按，丁酉本無「樂學最難傳」五字，「書」作「堂」，「昱」作「旭」，無「於孔子時」四字，「孔製」作「自製」。又，「明七字調」一句據丁酉本補。〕

本朝蟒袍猶是孔制，龍藻火之服，補褂用明服，朝珠則出於佛矣。〔按，「孔制」丁酉本作「孔子」，「龍藻火」作「藻火粉米」，「補褂」下有一「則」字。〕

夫婦有別，從夫婦外解之。

詩「展我生兮」，別男女也。春秋「書子同生」，正父子也。

顧亭林考古人百畝即今三十三畝。

魏文侯如羅馬之特提納，漢武帝如佛之阿育大天王。

漢立博士，如外國之立監督、牧師。〔按，「如」上丁酉本有一「即」字。〕

通地球計，有四千萬萬方里，每人可授田三里。〔按，「四千萬萬」丁酉本作「四十萬」，「授田三里」作「授田里」，注曰「有缺文」。〕

洪範

書經如一部史書，堯典，本紀、職官也；臯陶謨，言義理也；洪範，言天人也；禹貢，言地理、職方也；呂刑，刑法也。〔按，「如」丁酉本作「爲」，無「本紀」之「本」字，「職方」作「職官」。〕

堯典於授受之間，孔子已存大義。於詩法文王，於書法堯、舜，尚讓也。〔按，「存」丁酉本作「明」，「尚讓也」作「皆貴讓也」。又，此條丁酉本連上條。〕

詩之頌新周故宋，王魯之意也。〔按，丁酉本無上「之」字。〕

書終於秦誓，遙測未來。

二十八篇乃伏生所傳，泰誓後得，博士誦之，然非伏生所傳說。〔按，末句丁酉本作「然伏生所說」後勾去。〕

始堯、舜揖讓，終强秦征伐。

春秋災異，詩五際。

眭宏、夏侯勝、劉向發揮洪範。〔按，丁酉本於「劉向」下尚有「伏生」二字。〕

年歲祀亦三統也，孔子所託也。

葉水心謂，洪範言天，乃開緯書之始。

史記皆今文，洪範以史記爲確證。〔按，丁酉本無「今文」之「文」字。〕

白虎通言五聲、五味、五臟，皆本五行。〔按，「皆」丁酉本作「俱」。〕

佛言天釋帝子。

摩西往須彌山取天書，嘛喇自稱天使。〔按，丁酉本於「摩西」下有「自言」二字，「嘛喇」下有一「嘐」字。〕

洪範孔子第一文字。〔按，丁酉本於「洪範」下有一「是」字。〕

七緯專爲洪範發揮。〔按，此句丁酉本作「七緯爲一章洪範發揮」。〕

五行傳皆孔子口說。

沈約宋書作符瑞志，失孔子之意，魏收作魏書靈徵志亦然。

五行皆託言，非必以形拘也。〔按，上句丁酉本作「金木水火土皆所託言」。〕

思曰睿，乃容字之誤，當讀爲容。〔按，丁酉本無「當」字。〕

晉書五行志：兩襠即背心。衵而在內，乃中夏人外出之徵。

崇禎十九年有大黑狗在御座。

宋徽宗作五出之服，即兩襠，後徽宗北狩。

有祀以養人之魂，無子孫者有厲祭以養之。

八日師，作師儒解。

遍觀地球，無有不祀者。〔按，「祀」丁酉本作「記」。〕

子丑寅卯自漢以後用之。

古專言時。〔按，丁酉本「言」下有一「十」字。〕

曾子地圓篇，管子地圓篇，周髀地繞日一周，地斜故有寒暑，緯書地有四游，皆通西學。〔按，「周髀」丁酉本誤作「同體」，「緯書」以下一句無。〕

〔地一轉爲晝夜。〕〔按，此條據丁酉本録存。〕

後世不行謀及庶人之制，與衆共之，與衆棄之，國人皆曰可，皆西人議院之意。〔按，「國人皆曰可」以下丁酉本作「國人皆曰可然後可，皆謀及庶人之意，今西人有上議院、下議院，即孔子之制」。〕

地動之説，始於希臘人巴固它拉大，暢於意人哥白尼。〔按，「始」丁酉本作「起」，「巴固它拉大」作「伯父地拉大」，「暢於意人」作「暢於明時意大利」。〕

凡漢儒言災異者，莫不傳洪範。〔按，「傳」丁酉本作「法」。〕

史記言大法，即洪範。洪，大也，範，法也。孔子亦用換字之法。〔按，「洪，大也，範，法也」丁酉本在下「堯典

與洪範文筆皆同」條下，無「孔子……」一句。〕

葉水心言，帝乃震怒，天乃錫禹洪範九疇，開緯書之始，非常卓識。〔按，「卓識」丁酉本作「絶識」。〕

諸教皆主天人相合，其義至淺。

協用五紀之協，卽叶字，卽俗之乩字。〔按，「叶」丁酉本作「卟」。〕

一部七緯皆發揮洪範五行傳，董仲舒、劉向所引皆諱也。

不讀五行傳，則洪範不明。

孔子雖尊君，然以天統之，故天之災異以警君也。〔按，「雖」丁酉本作「立法」，「然」作「又」，「統之」作「統君」，「故天之」以下文字無。〕

以五行受天之治，以五事受人之治。

太史公乂作治，哲作智。〔按，丁酉本無「乂」字，「哲」作「晳」。〕

〔晉書五行志言兩襠卽服妖也，宋徽宗作五出之服，亦兩襠之類。〕〔按，此條據丁酉本録存。〕

佛言法相端好，孔子亦然。

孔子有食貨以養人之身，有祭祀以養人之魂。〔按，丁酉本「孔子」下有一「言」字。〕

統觀中外，未有能離祭祀者，未有能離師友賓客者。〔按，「統觀」丁酉本作「徧觀」，「師友」下尚有「者未有能離」五字。〕

〔以子丑寅卯紀時，自漢武後始，疑劉歆變之。〕〔按，此條據丁酉本録存。〕

一切曆學皆自孔子出。〔按，丁酉本「切」作「部」，無「皆」字。〕

有極之極，卽中字之義。

〔書以道政事，皐陶謨言義理，洪範言制度，能通天人，呂刑言刑法，禹貢言地理。〕〔按，此條據丁酉本錄存。又按，此條以下丁酉本另列爲「洪範二」。〕

孟子長於書學，不獨通公羊也。〔按，丁酉本無「不獨通公羊也」一句。〕

孔子祖述堯、舜，書是也；憲章文、武，詩是也。春秋亦始託文王，終道堯舜。〔按，丁酉本無句首「孔子」二字，亦無「春秋」以下小注。〕

〔秦誓亦今文，非伏生傳。〕〔此條據丁酉本錄存。〕

金縢祈禱之文，大誓僞文。〔按，丁酉本「大誓僞文」一句在下「箕子開高麗」條前。〕

顧命卽位之文，呂刑萬世典型之始。

〔七緯發揮天人之理，洪範通極天人，多發陰陽。〕〔按，此條據丁酉本錄存。〕

尚書大傳及劉向多發明陰陽之理。〔按，「多」丁酉本作「俱」〕

以政事範人身實，以災異範人心虛。

尚書一亂於張霸，再亂於劉歆，又再亂於王肅，更亂於梅賾。〔按，「又再亂」丁酉本作「三亂」，無「更亂於梅賾」一句。〕

堯典與洪範文筆皆同。

〔洪，大也，範，法也。〕

〔太誓僞文。〕〔按，此兩條均已見上文，丁酉本單出。〕

箕子開高麗之先，現今尚有箕子廟。

天有五帝。

〔洪範開緯書之先。〕〔按，此條據丁酉本録存。〕

春秋不言符瑞。

〔讀洪範宜讀五行志。〕〔按，此條據丁酉本録存。〕

截衣背心，有内出外之象，即服妖也。〔按，「背心」丁酉本作「兩襠」，無「即服妖也」句，下有「京師多着背心，有内出外之象」一句。〕

順治時有烏狗上殿，羣臣不見。〔按，下句丁酉本作「羣臣觀之無有見」。又按，前言「崇禎十九年有大黑狗在御座」，疑此條有誤。〕

〔佛言法相端好，孔亦然〕〔按，此條據丁酉本録存，已見前。〕

五行傳有劉歆僞竄。〔按，此條丁酉本作「五行傳亦劉歆僞」。〕

〔管子有地圓篇。〕〔按，此條據丁酉本録存，已見前。〕

〔哥白尼測出地繞日。〕〔按，此條據丁酉本録存。〕

五祀：天、地、山、川、社稷也。

視聽言動，發揮義理之極則；肅乂哲謀，發揮聖人之極則。

易

注疏用王弼本，朱本義用費氏本，卽鄭氏，謂古本也。皆劉歆之學。〔按，丁酉本於「皆劉歆」上尚有「本雖殊然」四字，句末有「也」字。〕

鄭言爻辰，荀爽言消息，虞翻言納甲，王弼掃去象數言義理。〔按，「鄭言」丁酉本作「鄭立」。〕

北朝鄭氏，南朝王氏，唐亦王氏，宋雖立異義，仍用王氏。程、朱出，主張程、朱，朱兼數學，主張漢易。邵子數學出於魏伯陽，皆老氏之學。〔按，「朱兼數學」丁酉本作「兼數學本傳」，「老氏」作「老子」。〕

易與老氏同，但老子柔而易言剛，則以老氏譏王氏之易不可也。惟陳氏言圖書，則全老氏矣。〔按，「老子柔」丁酉本作「老言柔」，「陳氏」作「陳、邵」。〕

十翼二字，始經典釋文。〔按，「始」下丁酉本有「見於」二字。〕

今日讀本卽王弼本，尚可見田何原本。〔按，「王弼」丁酉本作「王氏」。〕

唐貞觀六年立太廟，周公爲先聖，孔子爲先師，今至聖先師，元延祐六年所加。〔按，「元延祐」原作「元祐」，據丁酉本補。〕

卦氣之說見於惠定宇易漢學，然亦未全。

卦氣尚是孔子之學，陰陽災變之說存焉，京、仇易是也。〔按，「京、仇」丁酉本作「京房」。〕

納甲出於參同契，爻辰亦出於卦氣。〔按，此條丁酉本分爲兩條。〕

虞氏言旁通，卽出於六爻發揮旁通情也，取此二字。

易八卦爲伏犧定，六十四卦爲文王所益，繫辭爲孔子弟子所傳。

說卦爲河內女子所得，序卦、雜卦爲劉歆所僞。

文言爲經文中所有，凡外此隻字，皆孔子所作。〔按，丁酉本無「凡外此」三字。〕

孔子無十翼之說，無上下經之名。〔按，丁酉本無句首「孔子」二字。〕

晉朝薛績僞歸藏。〔按，「薛績」丁酉本作「薛續」。又按，疑爲「薛貞」之誤，隋書經籍志載晉薛貞注歸藏。〕

卦氣乃易中一體，本朝人專以卦氣言則偏矣。

宋程子易傳專言經，楊誠齋易傳專言史，兩書皆好。〔按，「楊誠齋」原作「楊易齋」，據丁酉本改。〕

中庸義理出於乾、坤二卦。

周子通書皆言至誠，出繫辭。〔按，丁酉本於「周子」下有「一部」二字，「出」下有「於乾坤」三字。又，此條丁酉本與下條次序互易。〕

孔子之易皆切人事言，後儒言天道而不言人事者，非也。

京、焦卦氣，孟氏占候之學。

鄭氏爻辰，劉歆正宗。

荀氏消息可附孔子之學，王氏易出荀氏，其本爲劉歆本。

國朝言漢易二家，一惠定宇，一張皐文。惠定宇胸無所主，專攻宋儒，其書蕪雜；張皐文虞氏專家，出參同契。〔按，「參同契」丁酉本作「參內」，並連下條。〕

孔穎達取王弼、鄭，朱子本義多言數，欲復費氏之本而因陳、邵之數。〔按，「言」丁酉本作「講」。〕

毛西河仲氏易專講交互旁通，無所知識。

繫辭見其理，緯書見其數。〔按，丁酉本「緯」下無「書」字。〕

讀易別録不得爲孔子正傳，而不妨爲孔子支流餘裔。

今本王氏易也，朱子本費氏易也。〔按「王氏」丁酉本作「王輔嗣」。〕

易兼剛柔，老子專言柔。〔按，此句丁酉本作「易言剛柔，老只有一個柔字」。又，此條丁酉本與上條次序互易。〕

禮制

向無三禮之說，始於後漢，周禮、儀禮、禮記。

五禮：吉、凶、軍、賓、嘉，僞說也。〔按，丁酉本無句首「五禮」二字，句末有小注：「此五禮之說。」〕

禮有五家，禮家十有三傳。〔按，丁酉本無下句。〕

叔孫通定前漢禮，曹褒定後漢禮，王安石始廢儀禮，元、明之後從朱子禮學。〔按，「元、明」原作「明、元」，據丁酉本改。〕

〔天地生之本，祖宗類之本。〕〔此條及下條均據丁酉本録存。〕

〔元統天，天統王，王統天下。玉英篇不過發揮元字。〕

郊止天子，社止諸侯，民間不得祭社。

本朝祭南北郊，用周禮大司樂之文也。

禮緯南北郊之説僞竄也，漢書匡衡傳尤謬。

本朝滿洲祭天可笑。

天子祭天地，秦之郊祭，魯之郊祭，僭也。

史記封禪書有五社之祭。

祭法生出七祀，甚謬。

天子以祭地爲社，諸侯以祭社爲社。〔按，丁酉本「祭社」作「祭社稷」。〕

祭天有圜丘，有南郊。圜丘以冬至日祭天，南郊則正二三月皆可。有誤。〔按，丁酉本無「圜丘以冬至」以下一句。〕

冬至祭上帝，公羊之説。〔按，「冬」字丁酉本誤作「祭」。〕

郊用辛，冬至之日未必辛，穀梁之説甚是。

卜牲非禮之説，公羊非，穀梁是。〔按，下句丁酉本作「公穀是也」。〕

祈穀祭天，月令之説也，不足爲據，孔子無此説也。

雩，旱祭也。龍見而雩也，非有旱而後雩耳。本朝亦用之，蓋爲劉歆所誤。

孔子之制，惟冬至祭天。

社稷之制祭二，宗廟之制祭四。〔按，丁酉本無二「制」字，下「祭」字作「祀」。〕

宋三年一郊。

天地合祭於南郊，非也。〔按，「非也」丁酉本作「無理」。〕

本朝分祭南北郊，行劉歆之學。〔按，「行」丁酉本作「用」。〕

鄭氏禘爲祭天之說大謬。

明堂在南郊，明堂與郊不同。

禮之明堂無瓦，祭六宗者也。

孔子之祭六宗有方明，即十字架也，耶氏行之。〔按，丁酉本「祭」下無「六宗」二字，末句作「耶穌用此。」〕

乾坤六子，劉歆之說，甚謬；日月，天宗、地宗，賈說；水旱夜明坎壇，以上三說均謬。〔按，丁酉本無「均謬」二字，末有「餘六宗無一可者」一句，並有小注：「五經異義甚詳」一行。〕

明堂祭五帝，即祭天。　六宗，上下四旁也。見尚書今文家說。〔按，「六宗」以下一句，丁酉本無。〕

明堂祭天，郊祭天。

青黄赤白黑五帝甚有據，見緯書，孔子口說也。〔按，丁酉本於「黑」下有「謂之」二字，「見緯書」句作「出於孔子」。〕

只有南郊，無北郊，月令並言東西郊，是劉歆僞說。

明堂有東西門。

皇上天壇之祭，舊祭也。

孔子之制有祭日月，無祭星辰。〔按，丁酉本無「制有」二字。〕

燔柴祭天。

祭天燔柴，祭地埋牛，祭河海沈牛。柴、埋、沈，三祭也。〔按，丁酉本「燔柴」倒乙，「祭地」上重一「牛」字，下「埋」字作「霾」。又，「柴、埋、沈，三祭也」另爲一條。〕

祭天一牛，祭地三牛。〔按，「三牛」丁酉本作「三羊」。〕

郊特牲與禮器同篇。〔按「牲」字原脱，據丁酉本補。〕

〔天只有南郊之祭。〕〔按，此條據丁酉本録存。〕

社在國中，無北郊之祭。

地祈卽社，社卽地祈。

諸侯不得郊祭，魯之郊祭，非禮也，惟天子得行之。

禮

天子三公、九卿、二十七大夫、八十一元士。昏義云：三夫人、九嬪、二十七世婦、八十一御妻。夫人乃三公夫人也，以下類推。公、卿、大夫、士佐天子外治，夫人、嬪、世婦、御妻佐皇后内治也。〔按，丁酉本脱「八十一御妻」之「一」字，「三公夫人」作「三公之夫人」，「類推」作「可推」，「士佐」作「上佐」。又，原脱「公卿大夫」之「公」字，「佐天子外治」誤作「佐天子内治」，均據丁酉本補正。〕

孟子與王制言三等爵異，蓋禮制有三統，孟子所言周制，王制所言春秋制也。周制亦孔子所據定，非必皆真周制也。

古人一萬人爲一軍，三軍三萬人。每乘甲士三人，步卒三十人，故出車千乘，得士卒三萬人，由三推也。甲士七人，步卒七十人，乃僞説。〔按，「每乘」二字原無，據丁酉本補。又「由三推也」，丁酉本作「由三推之也」，「甲士七人」作「甲士六人」，「步卒七十人」作「步卒七十二人」，「僞説」作「僞制」。〕

三軍，一軍奉天子，故曰二軍也。

古制皆立廟於墓，孔子則家中立廟。孔子重魂不重魄。

〔三禮之説，始於後漢。〕〔按，此條並下條均據丁酉本録存。〕

〔無五禮之説，所謂吉、凶、軍、賓、嘉出於周禮，僞説也。〕

六朝人最講三禮之學。

本朝考據學，三禮最長。〔按，下句丁酉本作「最長三禮」。〕

穀梁：非人不生，非天不生，禮之本也。

禮始於元，元統天，天統王，王制以爵國爲先。〔按「王制」丁酉本作「王之制」。〕

〔郊社郊止天子，社止諸侯。有南郊，無北郊。〕〔按，此條據丁酉本録存。〕

孔子無迎氣之說。〔按，丁酉本「孔子」下有一「亦」字。〕

巴比倫、猶太，皆有祭天之制。

天子祭社，以地爲社，諸侯祭社，以國内封地爲社，同爲地而大小異。

孔子郊祭只一次，以冬至日，祭上帝是也。據公羊、繁露。〔按，丁酉本「至日」二字互倒。〕

孔子定爲三正皆可用以郊，然日用辛。或曰：冬至日若無辛則何如然？穀梁卜正月上辛，不吉，則以正月卜二月之上辛，不吉，則以二月卜三月之上辛，是三正可用也。〔按，丁酉本「冬至日」作「冬至時」，「若無辛則何如然」作「若無辛日則何如」，「二月之上辛」下復有「二月之上辛」一句。〕

〔孔子無祈穀之祭。〕〔按，此條及下條均據丁酉本録存。〕

〔雩之龍見而雩者，以爲四月者，出月令，僞說也。孔子之制，旱始雩。〕

社祭時日多少次，無明文，惟周禮夏至祭地。〔按，丁酉本「日」下有一「祭」字。〕

據春秋，社稷之祭一年兩次，宗廟之祭四次。祀社於國，社不在郊外。

晉、六朝、隋、唐合祭於南郊固非，本朝南北分郊亦非也。〔按，末句丁酉本作「本朝南北郊亦僞說也。」〕

祭法僞文，言禘亦祭天，不足據。

明堂觀禮之明堂，無瓦蓋。

六宗主陰陽之德，上不及天，下不及地，中不及四方。今文歐陽說所謂方明也，用木爲之，此外皆僞說。

六宗之説紛紛，劉歆以爲乾坤六子，賈逵以爲日月星爲天宗，河海山爲地宗，馬融以爲水旱坎壇夜明，據祭法。鄭君以爲六星，雨師風師，司中司命。〔按，丁酉本無「之説紛紛」四字，「河海山爲地宗」作「地則河海山」，無「風師」二字。〕

五帝之祭有青黄赤白黑，亦孔子所定，禮緯有之。明堂之禘，祭此五帝也。〔按，丁酉本無「祭有」之「有」字，「定」作「立」，「禮緯」之「緯」闕。〕

〔孔子之祭無星辰，只有祭日祭月，至祭星辰，劉歆之僞説也。〕〔按，此條據丁酉本録存。〕

祭天用特，郊特牲。祭地用牛一、羊一、豕一，所謂太牢也，孔禮只如此。郊特牲之文疑與儀禮合篇。

〔魯有郊禮，非也。〕〔按，此條據丁酉本録存。〕

禘祫

凡時祭：春特礿，夏祫禘，秋祫嘗，冬祫烝。特礿者，各祭於其祖之廟，祭不殺牛，甚薄。其餘禘、嘗、烝皆曰祫。特者特也，祫者合也。

三年一大祭謂之嘗，嘗即祫也，合食於羣毁廟未毁廟，與時祭之嘗並舉，故詩有「秋而載嘗」之文。〔按，丁酉本無「故詩有」一句，有「用夏時」三字。〕

五年一大祭謂之禘，亦即祫也，並祭始祖所自出及功臣，皆得與食，與時祭之禘並舉，其祭在夏月。

〔按，此條丁酉本無。〕

凡每年皆祭者謂之時祭，三年一祭者謂之嘗，五年一祭者謂之禘。其實，禘與嘗同謂之祫也。大嘗用秋，大禘用夏。〔按，丁酉本於「同謂之祫」下有「其所謂三年五年者，乃合數，非分數」一句。「大嘗用秋，大禘用夏，另列一條。〕

禘祫本一事，張純之說，古學家說也。

祭社之說至古，見之匡衡。

祫與特對舉，不與禘對舉。〔按，此條丁酉本無。〕

禘祫圖每畫爲一年

一——一——一——一——一——

祫嘗　祫禘　　　祫嘗　祫禘

三年　五年　　　三年　五年

此皆大嘗大禘，餘每年另有時祭。

〔按，此圖丁酉本在「禘祫本一事」條前，無「此皆大嘗大禘……」一句，右「祫嘗」只作「祫」，「祫禘」只作「禘」。〕

禘嘗

鄭康成以爲六天八禘，其說最繁。

宗祀文王於明堂，是祀文王也，太廟是祀后稷也，無二祖之說。

時祭之祭天、祭后稷、祭帝嚳，僞古文說皆謂之禘，非是。

禮有大祫小祫，曾子言祫則主迎四廟之主，此小祫也；公羊僖公傳所云，是大祫也。〔按，「則主」之「主」丁酉本作「出」。〕

時祭，如七廟，五廟，三廟。

一日而祭七廟，春祭可行，蓋春則特礿，甚薄，至禘嘗烝則不能。此禮謂之小祫也。

若云四時之祫祭，天子皆齋十日而始祭七廟，其說尤非。小祫食每年三舉，大祫食三年一舉，只有祫而無禘。秋而載嘗，此大嘗也。小祫者，小禘祫也；大祫者，大禘大嘗也。〔按，丁酉本脫「小祫食」之「小」字，「小祫者」作「時祫者」。〕

詩言「赫赫姜源」，又言「時惟姜源」，又言「姒續妣祖」。一有太婆而無太公，一以姒加祖上，此卽今文家所謂聖人無父，感天而生之說也。〔按，本條「詩言」上丁酉本有：「五年之禘祫烝，毁廟未毁廟合食。五年則祭王者所自出，卽姜源也」二句。又，「姒續」丁酉本作「似續」，「太婆」作「太祖妣」，「太公」作「太祖」，無「一以」之「以」字。〕

三家詩皆以爲后稷有母無父，厥初生民之詩甚是。

五帝德謂后稷亦黃帝子孫，殆不甚可據。觀詩置隘巷平林，可知在民間。〔按，丁酉本「黃帝」下有一「之」字。〕

董子、何邵公言四時之祭與周禮同，蓋誤文也，有郊特牲可據。

三年喪服免，逢夏則舉祫禘，逢秋則舉祫嘗，三年五年亦從此數。三年五年合數，不是分數，唐時分數行之，不可通，遂廢。

郊祭在冬至日，無正月一祭。

禮運祭天於郊，所以定天位也；祭社於國，所以列地利也，此孔子之禮也。〔按，「定」丁酉本作「言」。〕

郊祭天，社祭地，至確。

康成南北郊之説分言，宋、明合之，至本朝夏至祭地，冬至祭天，本周禮鄭注。

儀禮禘其祖所自出，分后稷、文王爲二，此鄭氏謬説。〔按，丁酉本「自出」下有「鄭注」二字，無下「此鄭氏」三字。〕

時祭分祭於太廟，大祭合之。

〔有祫則無禘。〕

〔自來禘祫非對舉，今合之則不明矣。〕〔按，以上二條據丁酉本録存。〕

時禘，小禘小祫也，大祫卽大禘也。〔按，此條丁酉本作「時禘，大禘小祫，大祫卽大祫也」。〕

禮運

著禮運者子游，子思出於子游，非出於曾子。顏子外，子游第一。〔按，丁酉本「顏子」下有一「之」字。〕

禮運備義理兼制度。

子游的傳禮學。

觀卽臺門，孔子定制，後有門而無觀。

君臣之嚴，即從軍容出。

天子有四門。

歐洲無城，惟回教及中國有之。〔按，「回教」下丁酉本有「之國」二字。〕

夏、漢、唐三大朝。

荀子發揮子夏之學，孟子發揮子游之學。

夫子言禮，專言小康，不論大同。〔按，丁酉本「夫子」下有一「之」字，「專言」作「專論」。〕

天下爲家，言禮多而言仁少；天下爲公，言仁多而言禮少。

孟子多言仁少言禮，大同也；荀子多言禮少言仁，小康也。

歐洲當元朝始刻書。〔按，此句丁酉本作「歐洲始刻書當中國元朝」。〕

遼、金、元之字，至今隻字無存，雲南亦然。〔按，丁酉本無「元」字。〕

〔六經舊有其名。〕〔按，此條據丁酉本録存。〕

檀弓言，若魂氣則無不知也。此處言知氣在上，明言人死而有知。

山西至今尚有穴居，暹羅尚食生肉，臺灣生番亦然。〔按，丁酉本此句作「山西尚住地穴，暹羅尚有食生肉」，無「臺灣」二句。〕

左文襄嘗與杞氏借千萬。

〔暹羅、臺灣之生番尚生食。〕〔按，此條據丁酉本録存。〕

孔子生人本於二，治人統於一。生於二，故立夫婦；統於一，故立一君。〔按，丁酉本「立一君」作「獨有一君」。〕

七情究歸於愛惡，卽陰陽。

佛氏地水風火，卽儒家五行。〔按，丁酉本「風火」互倒，「五行」上有一「之」字。〕

禮運發揮人情，蓋制定之後也。

外國考出無龍鳳。金人用駱駝祭天，荷蘭以大魚。〔按，「金人」以下一句丁酉本爲另一條。〕

禮運言太一，卽統天之元，非常異義。

埃及有四千餘年之物。

〔孔子言禮不及大同，專言小康。〕〔按，以下三條據丁酉本録存。〕

〔遼、金、元之文字今日無之，則夏、殷之無徵，信矣。〕

〔孔子五行，佛之地水火風也。枌榆之社是舊制。大一卽元也。〕

聖人託於天以治人，所以爲藏身之固。

美國人所著百年一覺書是大同影子，春秋大小遠近若一是大同極功。〔按，此條與下條爲丁酉所無。〕

公羊何注及董生言，人人有士君子之行。此句最宜著眼，大同之世全在此句。反覆玩味，其義無窮。

王制（一）

王制者，素王改制之書也。〔按，下句丁酉本作「素王所改之制也。」〕

周赧王時已有人引之。

王制無中大夫，周禮無上大夫。

封建勢也，非孔子本意。

孔子之制祿，全在農田起。〔按，「農田」丁酉本作「井田」。〕

周之百畝當今日三十三畝二分幾。

南海縣有六十餘里。〔按，丁酉本無「縣」字。〕

中國地勢，山西極高。

江至衡山不足五百里。

流沙即戈壁。

禹貢爲孔子之文，禹時未必能之。〔按，丁酉本「禹」作「大禹」。〕

中庸「今天下」，今卽子思之時。

考工記車制、兵制皆六尺四寸。〔按，丁酉本無「兵制」二字。〕

漢用孔制，亦九卿。

蘇綽始用六卿，後皆因之。〔按，「蘇綽」下丁酉本有「定制」二字，「因」作「用」。〕

漢之刺史，明之監察御史，卽王制之監也。

司馬卽今吏部尚書。

命數爲孔子之制，卽今之品級。〔按，「命數」下丁酉本有一「卽」字。〕

屏之四方，惟其所之，今西法亦然。

陳詩而知下情，納賈而知民俗。

王天下三重，卽三統也。

三雍，晉袁準後始有異詞。

明堂九室，大戴是也。

三年喪，至晉始定。〔按，丁酉本於「晉」下有一「武」字。〕

孔子立田獵之制，可知當時地廣人稀。至漢時獵尚盛，觀上林羽獵賦可知。然則，謂井田不可行者，知今而不知古也。〔按，丁酉本「賦」上有一「等」字，「知今」上有一「亦」字。〕

〔孔子重廟祭，不重墓祭。墓祭者，古制也。古制重魄，孔子重魂。〕〔按，此條與下條據丁酉本錄存。〕

〔夏曰禘，秋曰嘗，此小禘嘗也。〕

廟雖有七，而祭必合於一廟，此祫之所由來也。

公羊之祫是大祫，王制之祫是時祫，曾子問之祫亦時祫。

〔禘嘗之名就時祭言之也，閟宮秋而載嘗，此大嘗也。〕〔按，此條據丁酉本録存。〕

盤庚言大享，大祭也，卽大禘也。

禮緯三年一祫，五年一禘。

公羊、繁露所言禘嘗，皆與王制異，與周禮同，蓋誤也。〔按，丁酉本於「公羊」下有「何注」二字，無「蓋誤也」三字。末有小注「此同異字當是王制同，周禮異，俟考」一行。〕

自宣宗之後，不配天壇，仍配太廟。

〔地卽社也，天子曰地，諸侯曰社。天子以天下爲家，故謂之地。〕〔按，此條與下條均據丁酉本録存。〕

〔郊止有一，一止於南，更無二郊。〕

五祀之說，以白虎通爲據。

盂蘭會本目蓮救母經，卽古人之厲祭也，孔子無厲祭。〔按，丁酉本上「厲祭」無「祭」字。〕

殺牲謂之祭，不然謂之薦。

大清會典，一因明朝之舊，一用朱子之制。

庶人之立廟，自明嘉靖夏言始也。

八月八日禮部行文禁屠宰。

性尊己而卑人，禮教人卑己而尊人。

古之夷狄卽今之猺家也，猺家三苗舊種。〔按，「猺」丁酉本作「客」，下「猺家」作「卽」。〕

穿耳爲匈奴故族。〔按，「匈奴」下丁酉本有一「之」字。〕

印度話有二百餘種。朱子謂音以廣州爲正。〔按，丁酉本無「朱子」以下一句。〕

元朝不開科舉，自延祐六年始開。〔按，「自」丁酉本作「至」，「始開」下復有「開科」二字。〕

西人甚美中國取士之制。〔按，「取」字丁酉本作「舉」。〕

傳王制者，孔門老輩弟子也。

唐時，皇太子著青衣，以竹筐承乾肉十段在階下拜，卽太子入大學之義。〔按，丁酉本「唐時」作「唐」，「入大學」作「入學」。〕

南宋有兩狀元，一圖學狀元，一散進士狀元。〔按，「圖學」丁酉本作「國學」。〕

梁曰下官，明曰卑職。

凡制五刑，必卽天論。

租棃聽訟，甚得王制決獄之意，外國所謂租棃，卽中國紳士也。〔按，「王制」上丁酉本有「孔子」二字，無「所謂」二字。〕

王制(二)

禮記義理莫過於中庸，制度莫過於王制。

王者，素王也，素王改制之書也。康成以殷、周之制律之，宜其不得門也。〔按，丁酉本無「之書」及「宜」等

字。〕

〔歆以爲文帝博士作，康成以爲戰國人作，皆謬。〕〔按，此條據丁酉本録存。〕

俞樾達壘叢說，文帝有服制、本制、兵制，無王制。〔按，「俞樾」丁酉本作「俞蔭甫」。〕

王者孰謂？謂文王也，卽素王也，卽孔子也。制度，考文之制。

王制卽春秋之記也。

尊君卑臣漢開之，自此以後禄薄甚矣。厚者，隋、唐、宋。〔按，「以後」丁酉本作「之後」。〕

唐牛僧孺有牛宏之田。

宋禄有階，官職、差遣、封勳各有禄，故人有數種俸禄。宋禄錢絹柴炭。〔按，丁酉本無「禄故人有」四字，末句作「宋以絹柴炭」。〕

階者，大夫品級；官者，卿之類；職者，館選考得；差遣，如試差之類；封者，公侯等；勳者，署官階，今已廢。

每一君所著書置一閣。

大學士謂之職，尚書謂之官，宰相謂之提舉公。

食封多少户，實封多少户，折錢。〔按，「錢」丁酉本作「銀」。又，此條次序丁酉本與下條互易。〕

本朝俸太薄，本於明太祖。太學士亦得二百五金，二百五斛米，當時至有通政司賣女得銀四兩。

雍正七年始加養廉。〔按，「俸太薄」丁酉本無「太」字，「賣」作「鬻」。〕

外國百里壐天德亦有以捐錢得者。

公猶土宣撫使，侯猶土安慰使，伯土知府也，男土知縣也。

歷朝親王一品，郡王二品。

宋朝初封王子以五品官，有恩然後加封。至本朝則凡宗室，雖疏屬亦四品，則因明陋制也。〔按，「本朝」丁酉本作「元朝」，「因明陋制」無「明」字。〕

孔子將天下通盤打算一大井田也。〔按，「打算」丁酉本作「計算」。〕

齊、魯之封百里，朱子已疑其少，左傳「東至於海」數句，今考之則七百餘里，詩「奄有龜、蒙」數句，考之亦不只百里。

武王時千八百國，至宣王時二百餘年，那得滅至八六百國？〔按，「八六百國」丁酉本作「千六百國」。〕

國之百里只得今之半。

孟子發揮孔子，全講井田。時井田之制尚未行，故孟子屢言之。

外國庫氏、温氏亦創言井田之法。庫氏欲以十里之地以千人處之，任其耕讀商賈，温氏欲以三十家均田，然皆不可行也。〔按，首句丁酉本作「外國有庫氏、温氏，各有法」，「處」下無「之」，「任」下無「其」。〕

荀子、路温舒、主父偃，皆言孔子之制。

行井田自魏文侯始，行百里自漢武帝始。

孔子制，男及上大夫禄皆厚於今之總督。下大夫計有八百金。〔按，丁酉本「今」下無「之」字，「計」下有一

「之」字。〕

王制殆孔門傳春秋者所作。〔按，「孔門」丁酉本作「孔子高弟子」。〕

今親王俸一萬，皆關内侯也。

今蒙古卽關外侯，凡六等，如貝勒之類。

今之監長，卽古連帥，統於定邊將軍。

二伯猶今之定邊將軍也。

禹分九州之後，無十二州，書有亂文。歆以漢十二州竄亂孔制也。〔按，丁酉本「孔制」作「孔子制」。〕

詩之新周故宋，王魯寓於三頌，二伯寓於二南。

九卿，孔制也。自漢及唐皆用六卿，歆僞制也。〔按，丁酉本「孔制」作「孔子制」。〕

三監猶今之將軍都統。

六官六卿皆舊制也，非孔制也。孔制皆三三相承。

封關内侯亦以知縣守之，亦内諸侯禄也。

漢明帝用孔子之衣服，至明猶如是，明輿服志可據也。

地球各國皆有章服，惟美國無之，平等也。

本朝以誘爲主，宋史已然。日本以花。

孔子考制但論德，不論籍貫。〔按，「考制」丁酉本作「考試」。〕

孟子用賢用殺皆聽國人曰可，亦與衆共之義也。西人議院卽是。〔按，丁酉本無「用賢」二字，「國人曰可」作「國人皆曰」，「卽是」作「卽本此意」。〕

本朝翰林，如編修升贊善之類，皆經御筆，各部自郎中以下，皆由吏部。〔按，「郎中」丁酉本作「部」。〕

明有廷推。〔按此條丁酉本屬上條。〕

四岳無中岳，十二年遍巡守。

太師樂官，猶今翰林也。采詩猶之樂府班本也。〔按，「翰林也」以下丁酉本無。〕

命市納賈，猶今之通商。〔按，此條丁酉本無。〕

學，古未有行之者，齊宣稷下二千人，及欲以孟子爲大夫矜式，近於學矣，至漢武博士，始謂之學。〔按，「齊宣」下丁酉本有一「王」字，「二千人」作「千人」。〕

今太學在城內不在郊，乃歆制非孔制也。〔按，下句丁酉本作「非孔子制，襲歆制也」。〕

明堂、靈臺、辟雍在郊七里，袁準立一亭於水上，顛倒矣。

學之中爲明堂，祀文王。

周制世爵五十而爵，孔子制也，康成以爲殷制，謬。

虞庠在國之西郊，段玉裁以爲四郊，謬。〔按，丁酉本無「四郊」之「郊」。〕

〔上古時一獸地，中古人獸並争，今則人多獸少，今無所謂田獵。〕〔按，以下三條據丁酉本録存。〕

〔漢人言田獵尚多，如長楊、羽獵、七發、七啓等篇可知。漢時荒地尚多，周則更可知矣。孟子勸滕

文遷國，非盡不可行，勿以今律之也。〕

〔漢無定喪，至晉始行三年喪。〕

孔子不封不樹，重魂不重魄，重葬者舊制也。〔按，「重葬」原作「蓋葬」，據丁酉本改。〕

七廟者，定制，禮緯以爲四廟。四親廟之説不可解。

〔祫，合食也，曾子問可據，然皆小祫也，時祫也。大祫者，夏行之，毀廟未毀廟皆合食於祖，又追王者所自出。〕〔按，此條據丁酉本録存。〕

漢以司徒、司馬、司空爲三公，尚書大傳制也。或以冢宰及二伯爲三公。

九官者，九卿也，與堯典同，三官在内，三公亦在内。〔按，此條丁酉本屬上條，「九官」下無「者」字。〕

司徒、司馬、司空，天子諸侯同，冢宰二伯則天子獨也。

尋常則司徒先，論地故先司空，康成以司空爲冬官，謬。

今觀北花旗地圖，方圓隨意，荒地多故也。南花旗已滿。

計地球各國，以地而論，日本人最多，每里三十人。比利時亦多。〔按，丁酉本無「比利時亦多」一句。〕

黑龍江地寒甚，日間只可巳時行，交未時便寒不可行。〔按，此條丁酉本次序與下條互易。〕

國朝愛新氏，愛新繙朱新，朱新繙肅慎，肅慎繙郁沮。南北史有老林窩集之險，今則與俄人共之矣。

冰海七十餘度，故人不能到。

寧波四圍皆山，中開一大平陽。〔按，「中開」丁酉本作「中間」。〕

越王遷於甬上，疑作桶上，像地形也。

今臺灣生番形容怪異如野獸，地爲之也。〔按，「如」原作「以」，據丁酉本改。〕

食品今古不同，南北不同，安南、暹羅多食生物。

蒙古人雖暑亦裘。〔按，丁酉本無「人」字。〕

苗子、五溪蠻、犵客一也。〔按，「客」丁酉本作「家」。〕

淮夷，今淮州府；潞戎，山東潞縣；萊戎，今山東萊州府；六渾戎，今河南開封府；二渠之戎，陝西長安府，皆今中國。可知不分其地分其俗，故孔子作春秋，諸侯用夷禮則夷之，夷而進於中國則中國之。

戰國後，夷狄之國滅殆盡。〔按，此條丁酉本屬上條。〕

〔有文教之國則也。〕〔按，此條據丁酉本録存。〕

中國山水環護不外洩，故教不遠行。〔按，「不外洩」下丁酉本無。〕

河流今高十丈必南決矣。

印度四散，其教遠行。〔按，下句丁酉本作「故其教亦遠行」。〕

中國水東流，不及於西。

北人謂俄爲老昌，昌羌同音也。

獩夷毛長二寸，不火食故也。暹羅亦多食生物。惟火食，其人乃聰明。

後漢書倭人傳言其被髮文身。

外國有重扁頭者，其人每用石壓頭令扁，猶中國之纏足耳。〔按，「每用石壓頭令扁」丁酉本作「每砟頭使扁」。〕

臺灣一年三熟或四熟，小呂宋四熟，多者六熟。

〔通計人數，十四萬萬，而食飯者五萬萬耳。歐洲各國有食飯，然只當饌耳，不求飽也。〕〔按，此條據丁酉本録存。〕

將各史蠻夷傳衣服制度分編成表，亦天地一大觀也。

雲南、青海及各鑛，尚多曠也。

今鐵路用花旗樺木，用洋鐵，凡關洋務之事必用洋料，漏巵甚矣。〔按，丁酉本於此下尚有「唐山煤鑛，其下承木如鑛，皆洋木也」一句。〕

順天四百餘萬人，游民無數。〔按，丁酉本於此下尚有「良可慨嘆，比比皆是，誰之咎歟！」〕

齊之國高，楚之屈景，鄭七穆，魯三桓，皆世官，無考試。考試乃孔子制也。〔按，丁酉本末句作「考試自王制始，實孔子之制也。」〕

王制不言及易、春秋，而但言詩、書、禮、樂。當時易、春秋未作也。後來春秋制度多從此出。〔按，「當時」以下丁酉本與此異，作「蓋四經孔子早作，易、春秋則晚年作，晚年弟子所傳也」。〕

〔王制之制度與公、穀同，而出甚早，故不及春秋、易。時二經未成也。〕〔按，此條據丁酉本録存。〕

孔子作六經，任人性情之所近而學之，各有體裁，令人可學。〔按，「令人可學」丁酉本作「令人人可學」。〕

扶蘇太子亦誦法孔子，自後帝王皆然。〔按，「後」丁酉本作「漢」。〕

唐帝大功親入太學，小功入四門學，其餘大臣之子，各有等差。見唐選舉志。〔按，丁酉本「各有」作「皆有」，「見」上有一「俱」字。〕

北魏太學生七品，後漢郭林宗、賈偉節太學之魁也。〔按，「太學之魁也」五字原無，據丁酉本補。〕

今青衿最古，明太祖制也。

〔唐皇太子進學，青衣見祭酒，束修二，壺酒一，伏階下拜，祭酒受一拜，答一拜。〕〔按，此條據丁酉本録存。〕

今教滿洲話者稱諳達。

王制不嚴於舉賢，而嚴於簡不肖，今則無所謂簡不肖者。

景泰時，蕭鎡以貢生爲大學士，明曾敏以監生爲户部尚書。〔按，「時」丁酉本作「年間」。〕

滿洲翰林與侍衛並用，漢人不然。

德相卑思墨變法，舉國皆兵。日本今留後兵三百餘萬。〔按，丁酉本無「德相」二字，「舉國皆兵」作「各國皆舉國爲兵」。〕

武科始於武后，無理甚矣。〔按，「武后」丁酉本作「武則天」。〕

漢文帝改肉刑爲杖，隋文帝改杖爲笞。

蕭何定律，而漢人多用春秋決獄，可知尚非定制，今所用則準孔子之制。〔按，「漢人多用」丁酉本作「漢人多言」，末句「所用」前無「今」字。〕

以儀〔禮〕（理）合律例讀，便知今皆孔制。

外國有十二紳士曰租槩，必俟畫押然後定，卽疑獄，況與衆共之也，知外國亦合孔制。〔按，「租槩」丁酉本作「遭利」，末句作「外國亦何能出孔教外耶！」〕

劉先主謂從鄭康成，陳元方聞之不可赧也，故凡作刑罰輕無赦。〔按，「不可赧」丁酉本無「不」字，無「作」字，「赦」作「敢」。〕

太史典禮無宗伯掌禮之文，歆僞之也。

外國國用亦由議院年計，亦是冢宰制國用之法。〔按，「亦是」丁酉本作「亦用」。〕

美國金庫有機器守之，今富甚，年年減賦。〔按，丁酉本第一册至此終。〕

中庸(一)

中庸子思作，見漢書藝文志，此是孔子行狀。

梁武有中庸注。〔按，丁酉本於此下有「可知其來甚古」一句。〕

宋儒發揮中庸最透，然未爲知孔子之道。〔按，下句丁酉本作「然於孔子之道無焉」。〕

不偏不易，程子解中庸，訓詁之學，非孔子大義。

康成注中庸謂，子思述聖祖之德，殆有口說相傳。〔按，丁酉本「康成」作「鄭康成」。〕

子思爲曾子弟子，家語未足爲據。〔按，丁酉本此下尚有「以無證佐也」一句。〕

孔子十九生伯魚，伯魚五十卒，子思未必末年生。

子思十餘歲親受孔子之道。

天命之謂性，揭孔子大義來，六經無此精語。〔按，「大義」丁酉本作「大道」。〕

顧亭林不肯言心言性，其本亡矣。〔按，丁酉本旁注有「鑒明末心學之弊」一句。〕

言理必本於天。

中庸全與易合。大哉乾元乃統天，天命之謂性也；乾道變化，各正性命，率性之謂道也；保合太和乃利貞，修道之謂教也。

性者，生之質也，未有善惡。論衡：率，勉也；率，循也。鄭康成已有此說，不始於朱子。

自明誠謂之性，性善也。〔按，丁酉本於此句下尚有「自誠明謂之教，性惡也」一句。又此條與下條次序互易。〕

漆雕、宓子賤、荀子、孟子、董子，論性各有說。韓非顯學篇有漆雕氏之儒。〔按，丁酉本無「孟子」二字，「韓非」下有一「子」字。〕

堯、舜性之，湯、武反之，可知孟子已有性善性惡兩說。

五行之說出於孔子。

孔子言人不言物，劉靜川之說是也。

君子指孔子，非泛指後賢。

王陽明謂，戒慎恐懼是工夫，不覩不聞是本體，徵以易之終日乾乾，夕惕若，可知陽明翻案已入佛學。

必有覩，方有喜怒哀樂。

致中和，卽致其喜怒哀樂也。聖人之喜怒哀樂，刑賞隨之，故天地位，萬物育。此喜怒哀樂指孔子。

反中庸之小人，指當時改制諸子。

舍冬夏而言春秋，易重五爻，中也。禮言中，樂言和。〔按，下句丁酉本另列一條。〕

趙宣廿六年，王修六年，皆居喪之失禮者，孔子定爲三年，最得中。〔按，丁酉本「失禮」作「失中」，「爲」字在「最」下。又，此下尚有「以德報怨之或人，兼愛之墨子，皆入中，故改制而不能行於世」一句。〕

墨子非六代之樂，改三月之喪，失中甚矣。〔按，「失中甚矣」丁酉本作「非時中矣」。〕

過之者墨子也，不及者老子、楊朱也，專指異教言。〔按，「楊朱」丁酉本作「楊子」，其下有「諸子」二字。〕

從異教者，所謂不知味也。

孔子託堯、舜用其中於民，隱言改制。

陷於罟獲陷阱，喻從異教者不能朞月守，喻忽從忽叛者。〔按，丁酉本下「喻」字作「謂」，末無「者」字。〕

信道最篤莫如回之擇中庸，守道之勇莫如子路，故特舉之。〔按，末句丁酉本作「故舉出來」。〕

後世有述，亦指當時老、墨等。〔按，丁酉本無「亦」字。〕

依乎中庸二句，與易遯世無悶義通，故疑繫辭亦子思作。

孔子之道，匹夫匹婦莫不在其中。

天地之大，人猶有憾，孔子不敢謂所改制無憾也。

鳶飛魚躍，無悟道之說，宋儒謬。〔按，丁酉本無「宋儒謬」三字。〕

墨、佛遠人以爲道。〔按，丁酉本「墨佛」下有一「近」字，「以爲」作「之」。〕

宋儒言理最深，然深之至則入於佛，絶欲則遠人也。

〔凡言孔子之道，必以外教比較方見。〕〔按，此條據丁酉本録存。〕

宋儒於當時則近佛，比古則近墨。

三綱五常，孔子所立，庸德庸言也。

發揮至素位而行，孔子之道極矣。不願乎其外，極於素夷狄，無入不自得，是發揮命學。〔按，首句丁酉本作「發至素位」，「不願」下無「乎」字，「夷狄」上無「素」字。〕

地獄天堂皆成佛土，佛法至精者，至於無擇，此章包得佛理在內。〔按，「天堂」丁酉本作「天宮」。〕

列子力命篇發揮極透。

二氣良能之說，國朝人極攻之，然不甚謬，但未顯耳。〔按，「極」字丁酉本作「力」。〕

朱子言陰靈陽靈，鬼神之分，向來說理如此。

鬼神、魂魄、精靈，一也。

大德者必受命，發揮受命。穀梁亦言君子大受命。〔按，「發揮受命」丁酉本作「發揮受物」，「穀梁」以下無。〕

〔詩四始皆始文王，書始堯、舜，春秋始隱公，貴讓。〕〔按，此條據丁酉本録存。〕

名學，孔子特立，朱子攻名，雜採老、莊之説，謬矣！後漢、晚明風俗之美，名學重也。〔按，「晚明」丁酉本作「前明」。〕

孔子出於禮者入於刑，能盡禮者予之以名。〔按，此條丁酉本無。〕

郊社生之本也，禘嘗類之本也。

仁者人也數句，説仁義極精，此微言也。

爲政在人數句，言治法最精。

一言修身，即言尊賢，不能尊賢，即不能修身。

來百工，孔子亦言工學，非如今人之弛廢械器朽鈍也。〔按，下句丁酉本作：「非如今之工學，廢弛器械巧鈍也。」〕

本來人才多勉强者，故董子亦言勉强，博學審問數句即勉强工夫。

學問思辨而行，僅居其一，故學問全在講求。

謂之教，性未皆善，故有待於教。〔按，丁酉本此下尚有「性惡也」三字。〕

至誠至聖，皆指孔子。

删書終以秦誓，亦前知也。災異五行非異學，孔門之學也。〔按，「以」丁酉本作「於」。〕

天下人道，仁智盡之，故孔、孟、荀、董皆言仁智。〔按，下句丁酉本作「故荀子亦言仁智」。〕

今夫天一段，喻六經之小而可以範圍萬世也。

大哉以下，子思極贊孔子之道待人而行，魏文、漢武其人也。

尊德性數句便是變化氣質。

春秋之作，明哲保身矣。

生今反古，老、墨皆是。

禮度文皆孔子所制。天子，孔子也，孟子所謂春秋天子之事也。

杞、宋不足徵，夏、殷制何處得來？可知皆孔子託古改制。

三重，三統也，康成之說必有所本，當時孔門口說相傳如此。〔按，丁酉本「康成」以下均無。〕

孔子制度本諸身，各教皆如是，而徵諸庶民則不能。孟子專言與民同之，最得孔子大義。〔按，「皆」丁酉本作「多」，無「專」字。〕

孔門多言百世，佛言三千年，非常大義。〔按，丁酉本無「佛言三千年」一句。〕

以上言至誠至聖，至此直指出仲尼祖述二句，子思述聖祖之德至矣。

孔子言道，有經權常變，並行不悖也。

孔子之道最大，惟天可以比之。〔按，丁酉本「惟天」下有「惟大」二字。〕

聰明睿智，孔子有此二十德，而又時出之，温良恭儉讓言孔子，尚見孔子之一偏。〔按，丁酉本「尚」下無「見孔子之」四字，而作「尚是一偏」。〕

公羊以文王始，以堯、舜終，祖述之意也。中庸處處與公羊通。〔按，丁酉本「祖述」下有「憲章」二字，無「中庸」以下一句。〕

大經，春秋也；大本，孝經也。鄭注極精，必本於口說相傳。〔按，「鄭注」丁酉本作「康成注」。〕

孔子之道全在於仁，故曰肫肫其仁，孟子曰：道二，仁與不仁而已矣。

達天德者，始知孔子之道，孔子之道本於天也。〔按，丁酉本於「本」上有一「全」字。〕

以天命始，以天載終。

春秋改制，無非聲色。

中庸（二）

漢尊中庸等於六經。〔按，丁酉本「漢」下有一「朝」字。〕

中庸本附小戴，朱子分出，故至今行之。

中庸一書，漢書藝文志始拈出。〔按，「始」丁酉本作「已」，「漢下無「書」字。〕

〔梁武帝有中庸說。〕〔按，此條據丁酉本録存。〕

張横渠見范文正以兵說，文正授以中庸。〔按，「授」丁酉本作「因」，「中庸」下有「教之」二字。〕

程子門人皆以中庸爲學，至朱子尊之尤力。〔按，下句丁酉本作「至朱子更尊中庸」。〕

〔中庸直是孔子一篇行狀，鄭謂子思述聖祖之德是也。〕〔按，此條據丁酉本録存。〕

能通中庸，可通春秋。〔按，「中庸」下丁酉本有「者即」二字。〕

〔中庸爲子思所作，見於史記、漢藝文志。〕〔按，此條據丁酉本録存。〕

朱子分中庸自「天命之謂性」至「萬物育焉」謂之經，非是。孔子手創謂之經，門人所記止謂之傳。〔按，「非」下丁酉本無「是」字。〕

性即理也，程子之説，朱子采之，非是。〔按，「理也」下丁酉本有一「是」字。〕

戴東原亦因程子，以理言性。

古人多言道字，不甚言理字，今人尊言理字，皆本宋儒。〔按，「尊言」丁酉本作「專言」，「皆」下無「本」字，「宋儒」下有「之説」二字。〕

〔率字，論衡作勉字解。〕〔按，此條據丁酉本録存。〕

中庸天命之謂性三句，若子思既有性善之説，則必無修道之謂教一語，此性字乃是生之質也，方爲碻詁。〔按，「教」下丁酉本無「一」字。〕

以佛釋儒書，天命之謂性，清淨法身也；率性之謂道，圓滿報身也；修道之謂教，百千萬億化身也。不覩不聞是本體，戒慎恐懼是工夫，即佛氏所謂時時勤拂拭，莫使惹塵埃也。戒慎恐懼是本體，不覩不聞是工夫，即佛氏所謂本來無一物，何處惹塵埃也。〔按，兩「即佛氏」原無，據丁酉本補。〕

孟子言性善，特爲當時説法，宋儒不過拘守之耳。

中庸開口三句，上一句是天，中一句是人，下一句是聖人。〔按，丁酉本「上」下無「一」字。〕

朱子廿四歲見李延平，即教以喜怒哀樂未發一句。

喜怒哀樂未發一句，自宋、明儒來一大聚訟，宋儒舍戒慎恐懼而專言未發，故多異說。〔按，丁酉本「樂」下有一「之」字，「宋、明儒來」作「宋儒」。〕

聖人學問在慎獨，以自始終，此喜怒一句原從上二句體出。

戒慎恐懼與易乾惕二字合，不外一敬字，故易言敬以直内最的。時時在不睹不聞前，戒慎恐懼便是中。

中庸之說，是以不覩不聞是本體，戒慎恐懼是工夫；王陽明謂戒慎恐懼是本體，不覩不聞是工夫，已入佛學。此陽明兩種道理括盡二教大義。〔按，「中庸之說」丁酉本作「孔子說」，無「已入」之「已」字。〕

孔子既立人倫，故時時以戒慎四字爲學，非若佛氏之出家，可以直指本心，能時時本來無一物也。

致中和三句是孔子立教本領，朱子解得最好。

天地位焉一句與繁露之陰陽同。

萬物育焉自是孔子一生制作條理，凡一切井田學校，諸大端皆是。

中庸道理專對異教說，亦就禮節言，其所以用中於民者，皆與異教不同。〔按，丁酉本無「皆」字。〕

〔孔子治人不治物，以類爲主，佛言治衆，亦是大言。〕〔按，此條據丁酉本録存。〕

佛制度與孔子相反，虛理無不同。〔按，此條丁酉本僅作「惟佛」與孔子相反。〕

中庸先言效驗，後說到道理，可比佛氏一部法華經。〔按，丁酉本「中庸」下有「一書」二字，「說」下無「到」字。〕

孔子制出中庸道理，合之則可，離之則非。觀子思言至中庸二字，不勝鄭重。〔按，丁酉本「子思」下有一「所」字。〕

天下惟强字可以自立，宋、明儒多在一强字做工夫，朱子之許尹和靖在是。〔按，「天下」丁酉本作「孔子」，「强」下無「字」字。〕

子思言君子之道，專指孔子，其言聖人，當時稍下的。〔按，此條丁酉本合於上條。〕

君子之道，造端乎夫婦三句，是孔子絶大道理。

〔君子素位而行兩句，觀聖人立教至此，是何等道理。〕〔按，此條據丁酉本録存。〕

孔子立命之學，從素位出。〔按，此條丁酉本作「聖人立命因素位出」。〕

聖人大道在乾元起，而行道必自夫婦始。〔按，「在」丁酉本作「自」。〕

聖人言鬼神，定有此種道理。張子言，鬼神者，二氣之良能也。由積字説起，故聖人既有實理以治天下，亦有虚理以治天下，不可不知。

聖人所言禮制，皆託於周公，所謂託先王以明權也。

儀〔禮〕（理）禘其祖所自出，祖分爲二：后稷、文王，此鄭君謬説。

郊只有南郊，無北郊。

禘説一以爲祭天，一以爲時祭，又云祭后稷，又云祭帝嚳。〔按，丁酉本無「又云祭后稷」一句。〕

〔四時之祭惟礿則特祭，嘗烝皆祫祭。祫者，合也。春日初薄祭，不合食，故謂之特。禘嘗烝俱合

食，未毀廟之主於太廟，故謂之祫。」〔按，自此以下四條均據丁酉本録存。〕

〔又有三年一祫祭，謂之大嘗，蓋秋祭也。合食既毀廟未毀之主，兼禘其所自出，有功之臣。后稷必非帝王之子孫，觀詩云誕寘隘巷，可知后稷原無父而生者。〕

〔公羊注與繁露言祭禮同於周禮，當時竄亂，以郊特牲爲據。〕

〔郊祭分南北，此鄭君用劉歆僞説也，孔子只有南郊。〕

南朝、唐合祭天地於南郊，宋朝三年一合祭天地於南郊，此非孔子之制，亦非劉歆之制也。

本朝夏至祭地於北郊，冬至祭天於南郊，從周禮。〔按，丁酉本「周禮」下有「之説」二字。〕

中庸「故爲政在人」數句，始言實理，歸入於仁，是子思所傳，的是精理。以下層層，俱備言中庸之理，「自天命」三句爲握要，「戒慎恐懼」四句爲下手工夫，至「故爲政在人」數句，最是絶妙精義。然至「三達德、五達道」爲更精，乃一部中庸要領。〔按，句首「中庸」下丁酉本有一「至」字，「恐懼」下無「四句」二字，「乃一部」作「爲一部」。〕

知仁勇括盡天下道理，即異教亦不能外。

爲政必打入仁與身，孔門大義俱從此出，下言誠身而至於明善，即是第一要義。〔按，「打入」丁酉本作「歸入」，「下」下無「言」字。〕

禄，明薄甚，本朝因之。雍正以前無養廉，後雖有亦薄，所謂不重其禄，至今已極下，官安得不作僞乎！〔按，「禄明薄甚」丁酉本作「禄薄莫過於明朝」，「後雖有亦薄」作「以後始有亦甚薄」。〕

朱九江作數日知縣，負債累累，教館十餘年始能填債，禄薄則好官難做也。〔按，此條丁酉本無。〕

子思言理，分出二等，其學純粹過於曾子，而直接聖祖之道。〔按，丁酉本「理」下有一「多」字，「而」下有一「能」字，「聖祖」作「孔子」。〕

家語以爲子思之學出於曾子，不可考。〔按，此條據丁酉本録存。〕

孟子之學出於子思，然言理之精粹不及子思遠矣。〔按，下句丁酉本作「見史記，然比之中庸，理多不粹，其不及子思遠矣。」〕

博學之一節，全就學者勉强説法。〔按，「全就」上丁酉本有「子思」二字。〕

朱子分「哀公問」至「雖柔必强」爲一章，未妥，應接下「誠明」説。

「自明誠」數句與孟子言「堯、舜性之也」二句合。總之，子思處處分出兩等人説法。〔按，丁酉本無「數句」下之「與」字及「人」字。〕

言致曲與孟子言擴充同。〔按，丁酉本「擴充」下有一「説」字。〕

中庸言禍福，實開後世五行傳災異之祖，繁露頗能發揮此理。〔按，丁酉本「災異」下有一「書」字。〕

德性如孟子之四端是也。自古言學紛紛，當以子思「尊德性，道問學」數句爲的，後儒惟朱子足以當之。〔按，「孟子之四端」，丁酉本作「孟子言四端」，「紛紛」作「紛繁」，「子思」下有「所言」二字。〕

非天子不議禮。此天子專指作春秋之天子。孟子曰：春秋，天子之事也。董子曰：以春秋當新王。子思述聖祖之德，而尊言之如此。〔按，丁酉本無「尊」下之「言」字。〕

中庸言從周，孔子托於周也。墨子非之，故言出於夏，因托夏制。〔按，丁酉本無「出」下「於」字，「夏制」作「夏禹」。〕

〔孔子多言百世，故聖人作春秋以俟後聖，著易明天人之理。自七十子後學，知孔子者莫如子思。〕〔按，此條據丁酉本録存。〕

孔子法堯、舜、文王，於尚書、春秋託之，故有兩種治法。行文王之法，小康也；法堯、舜之道，大同也。〔按，「尚書、春秋」，丁酉本作「書經二書」。〕

春秋終堯、舜，尚書終秦誓，可見其意。〔按，「可見其意」，丁酉本作「其理可見」。又此條丁酉本聯上條。〕

中庸言二十德，「惟天下至聖」一節備之矣。二十德中，條爲五種，缺一不可。〔按，丁酉本「惟天下」上有「子思作」三字。〕

全部中庸爲孔子説法，鄭君亦謂，至誠指孔子，故曰大經春秋也，大本孝經也。〔按，「亦謂」丁酉本作「亦以」，「至誠」下有「二字」二字，「指孔子」作「謂孔子也」。〕

〔小戴記中中庸言文理，王制言制度，同爲孔子大義，通此即可通春秋。〕中庸大要，首言性命，專發一教字，而功夫全在戒慎恐懼，道理全在於達德達道。九經要歸本於誠身明善，爲政不外乎仁，其用功精密，博學審問數句，此爲握要。論學至於尊德性道學問，斯爲極則。子思能述聖祖之道如是，其直接孔子之道乎！〔按，自「小戴記」至「通春秋」據丁酉本録存。又，丁酉本「教字」作「教學」，「戒慎」上有一「於」字，「全在於達德達道」作「全在三達德、五達道」，「博學審問數句」作「博學、審問、慎思、明辨、篤行」，「子思能述聖祖之道」作「然子思之能述聖祖之德」，「如

是」下有「其大」二字及「顏子而外」四字，「孔子之道」作「孔子之傳」。〕

中庸，六經外第一文章。〔按，丁酉本「中庸」下有一「乃」字，無「外」字。又，丁酉本此條以下分列爲「中庸三」。〕

程子解中庸二字未當於孔子之義。中者，凡孔子制度皆是，楊、墨皆不中；庸言之信，庸行之謹，所謂庸也。〔按，丁酉本無「凡」字，「也」字。〕

仁極，信極，皆不中。

孔子作者爲經，弟子作者爲傳，後學所作謂之記。〔按，此條丁酉本無。〕

〔朱子以首章爲經，弟子所作爲傳，後學所作謂之禮。〕〔按，此條據丁酉本録存。〕

磨磚不能成鏡，炊沙不能成飯，無其性也。

僞，人爲也。與「平秩南訛」訛通。

〔王充謂，率，勉也，言人道也。〕〔按，此條據丁酉本録存。〕

孔子之道，專言可行。道，路也。借用。〔按，丁酉本無「可」字。〕

喜怒句上文不覩不聞已是明文，此承上語耳。

獨與人對，中與倚對。

孔子不可測之神也，聖尚次一等，孔子仁尚不肯居，則謙耳。〔按，此條爲丁酉本無。〕

〔王陽明戒愼恐懼是工夫，不覩不聞是本體，佛道反是，亦精。〕〔按，此條與下條均據丁酉本録存。〕

〔小人反中庸，小人專指異教。人皆曰予智，人亦指異教。〕

中庸條條與乾卦合。

君子之道費而隱，道即孔子之道，君子指孔子。〔按，丁酉本無「君子指孔子」一句。〕

大哉乾元乃統天，大莫能載也。〔按，丁酉本無「莫」字。〕

鳶飛魚躍，謂道無不至，言活潑者尚非。

孔子非不能如佛，謂其遠人，故弗爲也。〔按，「如」丁酉本作「爲」，「佛」下有一「教」字，「弗爲」作「不爲」。〕

以人治人，因人有父子，而立孝慈之類。〔按，「立」丁酉本作「爲之」。〕

忠恕，如孟子與民同樂皆是。〔按，丁酉本於「同樂」下有「之類」二字。〕

願乎外則不安名分。

子罕言利耳，不兼命與仁說，西河說甚是，甚是！〔按，「耳」丁酉本無，「不兼」上有「惟言」二字，「命」下無「與」字，無「西河說甚是甚是」一句。〕

鬼，歸也；神，伸也。左氏發鬼神最精，如用物多數句，既生魄，陽曰魂。〔按，「左氏」丁酉本作「左傳」，無「精」字，「用」字，末句作「陰生魄，陽生魂」。〕

聰明强者，其位祿必强。

郊社祭天地，非北郊。

匡衡始言北郊。〔按，此條丁酉本無。〕

唐亦南北合舉。

民不得立社，古禮也。

困勉是極有心力人。

〔自誠明，堯、舜性之也；自明誠，湯、武反之也。〕〔按，此下三條均據丁酉本録存。〕

〔書終秦誓，實知秦之代周。〕

〔大哉聖人之道，道卽孔子之道。〕

春秋口授，不著竹帛，亦是默足以容，明哲保身。〔按，丁酉本無「不著竹帛」一句。〕

字出漢隸，漢隸皆出孔子。

〔三重者，三王之禮，康成說是。〕〔按，此條據丁酉本録存。〕

至聖指孔子，大哉聖人之道亦然。〔按，丁酉本「至聖」下有一「皆」字，無「大哉」以下一句。〕

印度無秋，波斯二時，六個月爲一時，四時亦本孔子。〔按，丁酉本無「個」字，「本」下有一「於」字。〕

君子之道暗而自章，淡而不厭，春秋之旨是矣。〔按，「暗而自章」丁酉本作「暗然日章」。〕

余懷明德，德，孔子之德也。〔按，丁酉本無「孔子」上之「德」字。〕

合內外之道句，盡孔子之道。〔按，上句丁酉本作「合外內之道一句」，「盡」上有一「足」字。〕

孔子之道，比之天地，博厚、高明、悠久。〔按，丁酉本無「之道」二字。〕

孟子之道，近於廣大而未精微，陸、王近於高明而不中庸。〔按，「未」丁酉本作「不」，「陸、王」作「陸子靜、王陽明」。〕

印度之文甚多，皆從佛之文。

孔子託周，墨子託夏。從周者，託周也。〔按，丁酉本於上二「託」字下均有一「於」字，「從周者」上有一「吾」字。〕

自古無人言堯、舜，孔子始極稱之。〔按，丁酉本「孔子」上有一「惟」字，無下「極」字。〕

德國相卑士麥評論諸教，最拜服孔子。〔按，丁酉本於「相」上有一「宰」字，下句作「以孔子爲最」。〕

中庸（三）

孔子内外學，中庸皆備。中庸，孔子列傳也，行狀也。〔按，此條以下丁酉本列作「中庸四」。〕

子思得孔學之精者傳之孟子。〔按，此句丁酉本作「子思以孔學之粗者傳之孟子」。〕

外國之學，改制之學存焉。

孔子世家無當義理。

〔王制得孔子之制度。〕〔按，此條與下條據丁酉本録存。〕

〔中者，孔子制禮之中；庸者，庸言庸行之庸，若程子不偏不易之説，僅詳訓詁耳。〕

以氣質言，太過不及，不中也。〔按，丁酉本「言」下有一「之」字，「中」下有一「者」字。〕

易二二五爲中。

子思非回教之阿集蘭，佛之阿難比也。〔按，「回教」丁酉本作「馬黑」，「阿難」作「阿蘭」。〕

〔鄭氏以爲，中庸子思述孔子之德，説最有體，必是口説相傳也。〕〔按，此條據丁酉本録存。〕

王勉齋爲朱子作行狀。〔按，丁酉本「勉齋」下注一小字「植」字。〕

中庸，子思二十歲作。

詩、書、易、三禮、三傳爲九經，唐附入孟子謂經，宋又附入爾雅爲經。〔按，「謂經」丁酉本作「爲經」。〕

受之天者謂之性就天說。〔按，丁酉本無「受」字下之「之」字。〕

率，勉也。王充說，言人道。〔按，此句丁酉本作「率性，王充云，勉也，言人道」。〕

修道之謂教，聖人以道教人也。荀子所謂其善者僞也，即此義。

孝經緯、繁露皆言性者生之質也。言性以董子爲至。

孔子之道，專講行字。〔按，「之」丁酉本作「言」。〕

孔子專言人，朱子言及物，劉静春駁得甚是。見四朝聞見録。

朱子與南軒論中和凡四封書。〔按，丁酉本「南軒」上有一「張」字。〕

〔易之九三終日乾乾，即戒慎恐懼。〕〔按，此條據丁酉本録存。〕

喜怒句不講及功夫。〔按，自此下三條均爲丁酉本所無。〕

戒慎恐懼，大學之言慎獨同，亦佛所謂時時勤拂拭，莫使惹塵埃。

必有事焉，即戒慎恐懼也。

明儒謂以心治心，分而爲二。

〔王陽明戒慎恐懼是工夫，不覩不聞是本體，語甚（是），反是而言之，佛學也。〕〔按，此條據丁酉本録存。〕

凡人發於氣質，各有偏處。〔按，「各」丁酉本作「必」。〕

羅近溪心無涯畔，卽以涯畔爲究竟，論太高，與朱子浩浩中有安宅同。

宋儒自是一種學問，非孔子之全也。〔按，下句丁酉本作「非孔子全體也」。〕

以元統天，則天位矣。〔按，此句丁酉本作「孔子以元治天，則天地位矣」。〕

易言義理，春秋言制度。

小人專指異教，非惡劣小人也。或人以德報怨爲中庸，墨子以三月服爲中庸，棘子成以質爲中庸，凡此皆小人。〔按，此條丁酉本作「小人專指創異教之人，非惡劣之小人也。或云以德報怨自以爲中庸，墨子三月服，亦可以爲中庸，棘子成尚言質，亦自爲中庸，凡此皆小人」。〕

道，專指孔子所創之道，道其不行矣乎句。〔按，丁酉本「道其不行矣乎」句在前。〕

顏子擇中庸，子路守中庸，舜創中庸。

聖人是第二等人，實則孔子神人也，孟子言神人，乃聖人加級也。〔按，「聖人」下「是」丁酉本作「實」。〕

君子之道費而隱，卽孔子。〔按，「卽孔子」上丁酉本有「君子」二字。〕

以人治人，解率性之謂道甚明白。

孝經緯有造命、遭命、隨命，白虎通發之。墨子非命，他忘却居易二字。〔按，「造命」丁酉本作「正命」。〕

知氣所上卽鬼神也，左氏發揮鬼神甚精。〔按，「所」丁酉本作「在」，「左氏」作「禮運」。〕

〔子思言，惟聖者能之，是第二等人。〕〔按，此條據丁酉本錄存。〕

能窮理自然魂强。〔按，丁酉本無「能」字。〕

孩子三歲以前未生魂，故無知識。聰明强，魂魄强，天所授之位亦必强。〔按，「三歲」丁酉本作「四歲」，「聰明」下無「强」字，「必强」上無「亦」字。〕

如舜者，正命也；顏子，遭命也。

大德必受命，專言命字，不過借舜爲模樣。〔按，「受命」下丁酉本有一「節」字。〕

〔六朝、唐南北郊並舉，本朝夏至祭地，冬至祭天。社非天子諸侯不得祭，本朝之祭社非也。〕〔按，此條據丁酉本録存。〕

仁生義，義生禮，即此意。〔按，丁酉本作「仁義生禮，此意」。〕

荀子發揮自明誠，孟子發揮自誠明，昌黎性有三品，亦從此出。〔按，「三品」丁酉本作「三等」。〕

子思發揮誠字是孔門一種學問。

至誠前知，與緯書合，陸子亦能前知，静極故也。〔按，丁酉本「陸子」作「陸子静」，無「静極故也」一句。〕

佛氏專治心，有内無外也，孔子兼内外。〔按，丁酉本無「孔子」句。〕

〔大哉聖人之道，專歎孔子改制之道。〕〔按，此條據丁酉本録存。〕

待人而後行，即公羊所謂以俟後聖也。〔按，丁酉本無「後行」之「後」字。〕

非天子不議禮，天子即孔子。〔按，丁酉本「即」作「指」。〕

三重，三王之禮，鄭說是。〔按，「三重」下丁酉本有「者」字，「鄭」下有「康成」二字。〕

〔印度有春夏冬，波斯有夏冬二時。〕〔按，此條與下條據丁酉本録存。〕

〔言道字眼，莫精於聰明睿知二十字。〕

英之行格里送花瓶一枚於闕里孔廟，前德相卑士麥摹孔子像而拜之。有血氣莫不尊親也。〔按，「行格里」丁酉本作「亨格里」。〕

〔大經指春秋，大本指孝經。至誠即孔子，康成説得確。〕〔按，此條據丁酉本録存。〕

孔子之制度文章皆聲色也，孔子之德則無聲無臭矣。〔按，「無聲無臭」丁酉本作「無聲臭」。〕

〔中庸自漢藝文志拈出，尊之既久。〕〔按，此下二條據丁酉本録存。又，自此條以下，丁酉本分列爲「中庸五」。〕

〔梁武帝有中庸説。〕

大學規模甚大，中庸微言較多。

〔中庸子思所作，見史記、漢書藝文志。〕〔按，此條及下條均據丁酉本録存。〕

〔孔子所作之經，弟子口説謂之傳記。大者爲傳，小者爲記。〕

唐朝加莊子爲南華經，列子爲冲虛經。

故爲政在人節，甚精。

諸子紛紛改制，並失其中；佛氏十方世界，遁入虛無，不得爲庸。〔按，「諸子紛紛改制，並失其中」句丁酉本作「釋中庸不偏之謂中，不易之謂庸，程子之説非也。所謂中者，因當時諸教並立，知者過之，愚者不及，俱不得謂中。」〕

齋明盛服三句，將賈子保傅篇作注解方明。〔按，丁酉本無「篇」字。〕

凌廷堪、焦里堂力攻宋儒言性不言命，非是。

宋儒之學必本於性，出孟、荀。〔按，「之學」丁酉本作「言學」。〕性確有天理，如林木之有文理然。〔按，丁酉本於此句前後有「朱子言性即理也，說本程子，四朝聞見録其弟子劉靜春已譏之」二句。又在此句後有「中庸言率性之謂，王充論衡：率，勉也，自不能以善說性」一句。〕

宋儒專以理言性，不可。〔按，此句丁酉本作「古人多言道，宋儒多言理，但以理爲性，不可」。〕

董子言性，爲中人言之也，故孟子堯、舜性之二句，已不盡言性善。〔按，「故孟子」下丁酉本作「故孟子言堯、舜性之也，湯武身之也，不盡也性善。」〕

孟言性善，行權耳，後世陸、王專主張之，但專用遁法耳。〔按，「孟言性善」丁酉本作「性善之說」，「耳」作「也」，無「專」字，「之」作「此說」。〕

讀孔子之經與傳記，須知其爲攻異教說。

〔朱子廿四歲見李延平，但教於喜怒時體認。〕〔按，此條據丁酉本録存。〕

宋儒舍戒慎恐懼而專言未發，不知未發句即承上不睹不聞來，用功仍歸之慎獨而已。但宋儒之說全出佛氏，不過塗飾儒家話頭耳。〔按，「用功仍歸之慎獨而已」丁酉本作「由何處功，本之慎獨而已」，「但」作「然」，「全出」作「實出」，無「不過塗飾儒家話頭耳」一句。〕

凡人作事，皆由情出，喜怒哀樂是也。

易言直方大，不習無不利，卽佛所謂十方世界。〔按，丁酉本此句下復有：「喜怒哀樂未發，不睹不聞是本體，戒慎恐

懼是工夫，而王陽明言不睹不聞爲工夫，戒愼恐懼是本體，已近於佛學」一句。〕

今人開口便以宋儒道理律人。〔按，此句爲丁酉本無。〕

佛言寂寂斷見聞，蕩蕩無心著，卽不覩不聞也。

學問思辨是窮理也。

合內外之道一句，是孔子全身學問。〔按，下句丁酉本作「是孔子之學」。〕

細心記戒愼恐懼四字，喜怒句略之可也。〔按，丁酉本「喜怒」下有「哀樂」二字。〕

致中和三句，專指孔子之教。位天地，育萬物。

王肅本作：小人之反中庸也，甚是。

〔小人指當世異教說。〕〔按，此條據丁酉本録存。〕

中庸其至矣乎，打入禮言。

智者，老、墨一派；愚者，申、韓一流。

三達德指智仁勇，舉三人以形容之，甚的。

〔中庸文章爲一部法華經。〕〔按，此條及下條據丁酉本録存。〕

〔索隱行怪，亦指當時之人。〕

天地之大也，卽指孔子之大。

語大，卽大哉乾元乃統天之義。

〔君子，專指孔子。〕〔按，此條據丁酉本録存。〕

子思全是乾卦學問。〔按，「全是」丁酉本作「全在」。〕

不願乎其外，此説甚奇，必口説相傳。果能如此，則人道極樂矣。〔按，「果能」丁酉本作「若能」，「人」下無「道」字。〕

聖人立命，自素位始。

爲政在人句，甚包括。

宋人言鬼神就理言，孔子言鬼神就迹言，各教言鬼神同之。

佛言鬼不言神，耶氏言神不言鬼，孔子兼言之。〔按，「耶氏」丁酉本作「耶穌」，末句作「惟孔子兼言鬼神」。〕

孔子既以實理治天下，又以虚治之，鬼神是也。〔按，丁酉本無「既」字，「又以虚治之」作「又以虚理治」。〕

〔大德受命，正命也。〕〔按，此條據丁酉本録存。〕

朱子解一者誠也甚精。

中庸言至誠之道節，可括廿四史五行志。前數年永陵高宗墓。崩，一年八百丈，言之痛心。本年大内柱無故傾倒，可異也。明年即有東倭之變。〔按，「可括」丁酉本作「可包括」，「大内柱」之「柱」原作「於」，據丁酉本改。又，「可異也」丁酉本作「異之極者也」，無「明年」以下小注。〕

孔門之學，專言百世。子思言百世以俟聖人而不惑；子貢言由百世之後，等百世之王；孟子言聖人，百世之師也；孔子言雖百世可知也。佛言三千年，亦百世也。由孔子至今，將百世矣，此事甚奇。

今日外教，大抵百世之下，孔子所不忍言也，煞有深意。〔按，丁酉本「孔門」作「孔子」，「將百世矣」作「剛得一百世」，無「今日外教」四字，「之下」作「以下」，「孔子所不忍言」作「則孔子不忍言」。〕

〔中庸言致曲，卽孟子所謂擴充也。〕〔按，此條與下條據丁酉本録存。〕

〔孔子兩種學問，堯、舜謂之大同，文、武謂之小康。〕

子思親傳大道。見孔叢子。〔按，此條丁酉本作「孔子之學，至純莫如子思，蓋親接孔子之傳，非得之曾子也。孔叢子尤有據」。〕

〔孟子出子思。〕〔按，此條據丁酉本録存。〕

邵子謂，人身一小天地，甚精。

莊子謂天在內，人在外，甚奇，直與西人所講微生物血輪之說合。〔按，丁酉本無「血輪」二字。〕

堯典文章全與王制同，可知直是孔子作，且有論衡可據。〔按，丁酉本無「全與」之「全」字，而「同」上則有「全」字，「可知直是」作「知是」。〕

邵子以十二萬九千六百年爲一元。

克明峻德，指智仁勇言。

孟言性善，是天下有生知安行，無困勉也。荀言性惡，是天下有困勉，無生知安行也。〔按，丁酉本於「孟」、「荀」下均有一「子」字。〕

中庸分三等，最的。〔按，丁酉本於「三等」下有「人言」二字。又，丁酉本此條聯上條下。〕

哀公章以上專言虛理，以下專言實理，較精。

諸子(一)

淮南謂墨子學孔子之道。

逸周書劉歆僞撰。

墨子是子夏後輩，滑釐、干木是子夏弟子。

墨子所稱諸侯王，知是戰國人。〔按，丁酉本無「王」字。〕

管子書出於戰國策士所爲，殆宋牼、墨翟之後學，其言禁攻兼愛相同也。〔按，「墨翟」丁酉本作「墨子」，無「學」字，「言」字。〕

老子爲我者也，得易經卑退讓陷四字。〔按，「讓」丁酉本作「謙」。〕

老子專講養魂，近佛也，力宗太古，亦欲矯孔子。

老子天地不仁四句，開申、韓一派。

數千年治天下皆老學。

綿綿若存，是謂天地根，參同契所自出。

老學發之於月。

程子不稱太極。

說苑謂，子桑户不衣冠而處，蓋開楊學之先聲者。

說苑謂，以德報怨爲老子說，則與孔子並時改制之人也。其道不近人情，故難行。〔按，「故難行」丁酉本作「自難行」。〕

孔子正名，墨子有意翻案，故大取、小取篇開堅白之談，公孫龍、惠施、鄧析更暢其旨，務以口辨反之。〔按，「翻案」丁酉本作「翻之」。〕

當時諸子引說皆以孔、墨對舉，其大盛可知也。〔按，丁酉本無「諸子」二字，「可知也」作「可見」。〕

谷神不死數句見於老子，而列子引以爲黃帝書，或上古有是學，至老子乃大發之也？然老子一書莫精於此語，老子是養魄之學，後世以爲胎元，以爲丹鼎，以爲命門火，似未足盡谷神之義。〔按，「數句」丁酉本作「一段」。〕

莊、列皆有火盡薪傳之說，既云不死若存，則固合靈魂而並養之。〔按，丁酉本此條聯於上條。〕

列子所得皆樂天知命退一步法，然知命而不求諸用，此真墨子所非者，此楊、墨所爲極相反歟！〔按，「然」下丁酉本有一「能」字，「所爲極相反歟」作「所極相反者歟」。〕

同孔子時改制者，其書不傳，六經之後，便雜出矣。〔按，「同孔子時」丁酉本作「孔子同時」。〕

曾子、子思開後世氣節一派。〔按，丁酉本無「氣節」二字。〕

舍利弗十三歲從佛。

墨學爲孔學所滅，老學游戲於孔學之中。

諸子（二）

山海經、穆天子傳、逸周書是漢儒竊取戰國之書，與世俘解、武成、月令同一手筆。〔按，「世俘解」丁酉本無「解」字。〕

與孔子爭教盛者，老、墨二家，孟子不攻老，因當時楊學盛行，攻其弟卽攻其師也。〔按，丁酉本句首有「戰國」二字，無「盛」字。〕

楊朱專言縱欲，當時諸侯王喜其便己，故能大行。〔按，此條爲丁酉本無。〕

管子當是戰國人撰，其書多舊制遺禮，以周禮一書比較，竊其六七。至晏子，則不知何人作，想是秦、漢間力攻孔子之儒。班固藝文志列之儒家，謬甚，而史記則不載也。〔按，「當」丁酉本作「殆」，「撰」上有一「所」字，「其書」作「其中」。「以周禮」之「以」字原無，據丁酉本補，「不知何人作」丁酉本作「不知何時人作」。又，「列之儒家」四字原無，據丁酉本補。〕

汪中容甫述學考老子分三人，一爲老聃，孔子所問禮者也；一爲老萊子；一爲著書之老子，卽太史儋。史記載其當孔子後一百二十九年，不得謂爲孔子師也。史記微文，於此可見，故不謂之周王某年，而曰孔子卒後一百二十九年也。〔按，「著書之老子」丁酉本作「著道德之老子」。〕

墨子書中稱文子是子夏弟子，疑墨子爲孔子三傳弟子。淮南謂墨子學孔子之道，是墨子後來畔道，而自創教也。〔按，「墨子書中」丁酉本作「墨子內」，「淮南謂」作「淮南子言」，「自創教也」作「自爲教主也」。〕

〔孔子後學兩大派，齊、魯之間則曾子，外國則子夏。〕〔按，此條據丁酉本録存。〕

論語惟有子、曾子稱子，餘俱稱號，可知有子亦成一大派，與曾子並孔門高弟，故記二人之言於第一二章，蓋尊之也。〔按，「與」字原無，據丁酉本補。又，「第一二章」上丁酉本有「論語」二字。〕

印度以佛紀年，歐洲以耶氏紀年，中國紀元起於孔子。

老子於佛之意亦有領會，然以守魄爲主。上經説尚可取，下經則專論權術，開飛鉗捭闔一派，可惡極矣。〔按，「尚」原作「上」，據丁酉本改。丁酉本缺「專論」之「專」字。〕

老學流派甚繁，莊、列主清虛，楊朱講求縱慾，田駢、慎到見之莊子天下篇，其學大抵主因，申、韓專言權術，關尹、尹文專事養魄。〔按，「老學流派」丁酉本作「老子後學流派」，「主清虛」作「主上清虛」，無「見之」二字，「天下篇」下有「言之」二字，「申、韓」下有「二家」二字。〕

老子言，失道而後德，失德而後仁，失仁而後義，此説最謬。

韓非子六蝨篇最謬。〔按，「最謬」丁酉本作「謬甚」。〕

老子言，善爲道者，非以明民，將以愚之，開二千年愚民之祖，真天下罪人也。〔按，「善爲道者」丁酉本作「失治」，「開二千年」云云作「開始皇焚書之禍」。〕

莊子日日經營天下，乃熱人，非冷人也。後來能辦事者，皆用莊子之學。其書中最闊大之論，如逍遥遊、秋水諸篇；其入世，有齊物論一篇，發得圓字最精；處事有人間世、應帝王、大宗師諸篇；傳老學有養生主一篇；深知孔子而力尊之，有天下篇；言不動心之學，與列子同者，有徐無鬼篇。〔按，「日旨」，丁酉本誤作「昌」，「冷人」下無「也」字，「辦事」下無「者」字，無「處事」之「處」，「應帝王」誤作「天王」，無「傳老學」之「傳」字，無「不動心」之「心」字，「列子下有「天瑞篇」三字，「同」下無「者」字。〕

莊、列多言至理，能知天地之大，且多與西人之說合，當爲孔子後學，但兼老學耳。〔按，丁酉本無「且多與西人之說合」一句，「但兼」作「微有」。〕

老學大盛於漢文、景間，其後張道陵創爲五斗米道，北魏寇謙之爲丹鼎，與張道陵稍異。張言符籙，寇言丹鼎。〔按，丁酉本無「張言」以下一句。〕

道陵一派傳最久，今之張天師是也。〔按，丁酉本無「傳」字，又本條聯於上條。〕金朝王存真卽張之後學，爲最盛。其弟子有邱、張、劉、馬，邱氏長春最盛。今之道士，王存真派也。神仙家本與道家不同，自抱朴子著書始合而爲一。〔按，丁酉本「神仙」下無「家」字，「始合」下無「而」字。〕

墨子尚鬼而不尚神，孔子兼之，釋言鬼，耶言神。〔按，丁酉本「而」字作「神」字，無「不尚」下之「神」字，無「釋言」下一句，然於「孔子」上有「耶穌言神而不言鬼」一句。〕

堅白異同之論，墨子大取小取篇開之。

墨子傳教最悍，其弟子死於傳教者百餘人。耶氏亦然，耶氏身後十三傳弟子皆死於傳教。回教亦然，皆以死教人也。〔按，「最悍」丁酉本作「最勇悍」，兩「耶氏」均作「耶穌」，末句作「皆死教人者也」。〕

墨氏絕似耶氏，墨滅而耶昌者，地中海之故也。地中海各國環繞，急則易逃，墨氏生於中國，無地中海可逃，故公孫宏等專殺俠家，俠卽墨派也。〔按，此條丁酉本無。〕

墨子改制，尚同、非攻諸篇與孔子同，而其宗旨在尊天、明鬼、非樂。

孔子春秋，劉子政謂不言鬼神，讀史記封禪書可見。〔按，「劉子政」丁酉本作「劉子所」，「封禪書」前無「史記」二字〕

子華子、宋牼，近墨學。〔按，丁酉本於「近」上有一「頗」字。〕

佛氏之阿非羅迦、非迦人、非人，揭陀羅，皆鬼道也。〔按，丁酉本無「非迦」二字。〕

楊子亦有精論，曰：不羨富，何畏貧；不慕壽，何畏夭是也。

曹文正曰：今之爲官，只是多叩頭少説話六字，斷送大清國一個。〔按，此條丁酉本無。〕

韓非以一術家而公然著書，如內儲、外儲篇是也。〔按，此條丁酉本無。〕

今日人心之壞，全是老學。〔按，丁酉本「今」下無「日」字。〕

韓非、李斯皆荀子門人，是孔門畔道者。〔按，「皆」丁酉本作「俱」，「荀子」作「荀卿」，「是」下無「孔門」二字。〕

〔漢武以後，孔學一統。〕〔按，此條及下條據丁酉本録存。〕

〔地球繞日輪得八分之一，中國處地球八十一分之一。〕

道藏八百餘卷，膚淺。

禮運知孔子祭祀，史記封禪書是言孔祭反面。〔按，「是言孔祭反面」丁酉本作「是孔言祭之反面」。〕

尸子講兵法。

尸子能知南北冰洋。〔按，此條爲丁酉本無。〕

鄒衍最宏偉精微，終以仁義其正。〔按，丁酉本無「終」下「以」字。〕

墨子一書，經上、經下乃墨子之本學，餘則在大取、小取兩篇。〔按，此下四條丁酉本均在第三册末另列之「墨子」一節（共六條）中。該節其它兩條爲：「孔子制服至明行之，本朝始不然。」「歐洲各國俱一年服。」〕

秦及漢初，服尚隨人自製。宋鈃華山之冠，雋不疑另作衣冠以見暴勝之，皆是。

墨子尚同，略有孔子大同之義，不過墨子發揮不出耳。

墨子所引之詩、書，是墨子所自删定之詩、書也。

諸子（三）

〔孔子時老子乃太史儋，非老聃。〕〔按，此條據丁酉本録存。〕

荀稱老、墨，孟稱楊、墨。〔按，丁酉本此條與下條次序互易。〕

楊朱，老子弟子，見莊子。

墨子爲子夏後輩，楊、墨、老、孟子一輩。

〔管子乃戰國人僞作。〕〔按，此下三條均據丁酉本録存。〕

〔老子之學，貽禍最酷。〕

〔張道陵開五斗米道。〕

齋醮自寇謙之始。

〔老學之變最多。〕〔按，此下四條均據丁酉本録存。〕

〔道藏八百年。〕

〔楊氏之學見於列子。〕

〔楊氏之學縱欲，故盛行。〕

列子空虛，與莊近，列乃中國之佛也。〔按，丁酉本「莊」下有一「子」字，「列乃」作「列子者」。〕

重生不重死，西人亦近楊朱。

佛氏盡棄其身，專養魂，與楊朱相反。〔按，丁酉本「專養」下有一「其」字，「楊朱」作「楊氏」。〕

莊子，田子方弟子，孔子三傳。〔按，丁酉本於此下尚有「弟子，故天下篇最尊孔子，不安於老子，而簸弄老子」一段。〕

佛專言空，莊子可見之人事，超出佛外。

曇首仰藥之類亦有得於莊學，安石圍棊亦是。

關尹、田駢、慎到，皆老學，田、慎主因，無生人之理，而有死人之行，外國越蛤教似之。〔按，丁酉本「主」作「子」，「似之」作「即此」。〕

墨子上經言治身，有可觀；下經言治天下，謬。〔按，此條丁酉本作「墨子上經尊言治，有可；說言治天下，謬」。〕

符籙采補之學，無關老子。

孟子所稱鄉愿，亦老學。

西學多本墨子。

墨子不謬在兼愛，孟子主意特攻其薄葬，荀子攻墨子更妥。〔按，「主意」丁酉本作「主無」。又，此條與下條次序丁酉本互易。〕

墨子其生也勤，其死也儉，最苦人道。〔按，丁酉本無「人道」二字。〕

〔墨子頗似耶穌，能死、能救人，能儉。〕〔按，此條據丁酉本錄存。〕

許行亦近墨。〔按，丁酉本於此上尚有「宋牼與墨子同時，相類」一句。〕

〔李悝盡地力，實用井田法。〕〔按，此條據丁酉本錄存。〕

凡兵家皆出於道，尉繚子等僞書，孫子、吳子真書。〔按，「僞書」丁酉本作「書僞」，「真」下無「書」字。〕

凡忍皆有才人，商鞅、吳起皆是。

商鞅非詩、書、禮、樂孝弟等語，謬。〔按，丁酉本於「孝弟」下有「貞廉」二字，「謬」下有「甚」字。〕

荀子解蔽篇甚佳，禮論、樂論亦精。〔按，「甚佳」丁酉本作「最佳」，又，丁酉本於此句上尚有「孟、荀爲孔子後學之最」一句。〕

荀言理似較孟爲細。〔按，此句丁酉本作「荀理較精於孟」。〕

老學，蘇、張、鬼谷一派，申、韓一派，楊朱一派，莊、列一派，關尹、尹文一派。〔按，「老學」丁酉本作「老子之學」，「一派」上均有一「爲」字，「楊朱」下無「一派」二字。又，從此條以下丁酉分列爲「諸子四」。〕

列子「安知死於此，不復生於彼乎」，即佛氏輪迴之說。〔按，丁酉本於「列子」下有一「云」字，「即」作「是」。〕

〔佛極與楊朱相反。〕〔按，此條與下條均據丁酉本錄存。〕

〔列子者，中國之佛也。〕

莊子在孔子範圍，不在老子範圍。〔按，上「在」字丁酉本作「與」。〕

莊子心學最精，直出六經之外。齊物論之與接爲構，日與心鬬，即楞伽之識浪。〔按，丁酉本「莊子」下有一「言」字，「日與」作「日」，「楞伽」作「楞嚴」，「識浪」上有一「言」字。〕

莊子之學，入乎人間世，直出佛學之外，其言火盡薪傳，即佛輪迴。〔按，「佛學」丁酉本作「佛氏」，末句作「其言火盡而薪存，即佛氏輪迴之説」。〕

其言虛室生白，即佛氏十方世界見大光明。〔按，「世界」下丁酉本有一「全」字。又，丁酉本於句前尚有「莊子未可厚非」一句。〕

莊子智極，心熱極，但不欲辦事。〔按，「但」丁酉本作「特」。〕

莊子心學必孔子別有所傳，徐無鬼、田子方發揮不動心之學。〔按，「莊子心學」丁酉本作「莊子之心」。〕

老子之學，一爲長生養身之學，一爲治天下之學。〔按，此條爲丁酉本無。〕

墨子之學，遠勝老子，西法之立影倒影，至元朝始考得，墨子先言之。〔按，「遠勝」丁酉本作「勝於」，「元朝」前無「至」字，「考得」作「考出」，「先言」上有一「已」字。〕

莊子之論墨子甚公，觀天下篇可知，其短處不在兼愛也。

〔孟子攻墨，不如荀子之允。〕〔按，此條據丁酉本録存。〕

通部墨子，無一言養心之學，故不能行外國。耶氏似之，然耶氏能養魂，故大行於天下也。〔按，此條

丁酉本作「墨子之學悍極，頗似耶穌。通部墨子，無一言養心之學。耶穌有魂以養之，故能行；墨子無魂以養之，故不能行。」〕

鄒衍聰明絶世，莊子秋水篇亦極聰明，鄒子與莊相近，其最精語則爲自小至於大一句。〔按，「鄒子與莊相近」丁酉本作「鄒衍與莊子相近」，無「至」下「於」字。〕

公孫龍、惠施、鄧析，皆墨學也。〔按，末句丁酉本作「皆墨子之學。」〕

宋牼言寢兵，今歐洲有太平會，亦自宋牼開之矣。〔按，末句丁酉本作「亦開自宋牼之説矣」。〕

子莫雖執中，然不依孔子條理，故孟子攻之。其能出老、墨之外，不能入孔子之中，故孟子云：執中無權，猶執一也。〔按，「不依」上丁酉本無「然」字。「出」、「入」兩字下均有一「於」字。〕

田駢、慎到與老近，亦與佛近，但佛學有用，其學無用，僅能自存而已。〔按，「與老近」丁酉本作「與老子相近」，「與佛近」作「與佛學相近」，「僅能自存而已」作「僅能存身而已」。〕

尉繚、燕丹皆僞書。

希臘盛時有梭格第者，言學以修齊治平，似孔子；約己濟人，似墨子。當時創教者亦有七人。〔按，「有梭格第者」丁酉本作「索革底」，「言學」下無「以」字，而有「其學言」三字。〕

楞嚴經言九十六道，連佛九十七教，所居之室今尚存。〔按，丁酉本無「經」字，「所居」上有一「佛」字，「尚存」作「尚在」。〕

後世大臣全用申不害之學。

陸稼書有戰國去毒。〔按，丁酉本「去毒」下有一「説」字。〕

諸教皆盛於戰國，至漢而始定儒教於一。〔按，丁酉本於「盛」上有一「大」字，下句作「至漢而後定於一」。又，此條丁酉本在「後世大臣」條前。〕

〔民愚官詐，是中國風俗之壞。〕〔按，此條據丁酉本録存。〕

列子〔按，此節丁酉本列於全書之末。〕

林類曰：死之與生，一往一返，故死於是，安知不生於彼？佛輪迴之説，列子此條及莊子火盡薪傳之説發之最明。但惡生樂死，其在佛教僅爲聲聞、辟支，斯陀恆河那會境界耳，未及瞿曇不生不滅之精妙也。此爲印度專門之學，楞嚴外道九十六，皆講求此學，婆羅門梵志動言數千，宜其獨闢境界也。〔按，「佛輪迴之説」，丁酉本作「佛氏輪迴之説」，「在佛教」作「在彼教」，無「外道」之「外」字。〕

以死爲樂，佛氏所呵爲寂滅魔者，枯木死灰，故是下乘也。列子引晏子一條。〔按，「所呵爲」丁酉本作「所訶」，無句末「也」字，小注「列子」云云另作一條。〕

黄帝篇關尹曰：是純氣之守也，非智巧果敢之列，此説即白沙去耳目支離之用，全虚懸不測之神。禪者説專爲證明其魂，道家説專謂養成其魄，純氣之守，即載營魄抱一也。〔按，「黄帝篇」上丁酉本有「列子」二字，「關尹」下無「曰」字，「白沙」下無「去」字，「虚懸」作「虚圓」，「禪者」以下另作一條。〕

夢幻泡影之説，列子周穆王篇發之甚透，莊子觀化，列子盡幻，其説已到瞿曇八地，但未至究竟耳。〔按，「未至」下丁酉本有一「其」字。〕

列子之學，僅至無可奈何，舍而棄之境界，未到地獄天宮皆成佛土，有性無性皆成佛道也。周穆王華子一條。

佛者，言語道斷，心行路絶，久之頓覺光明，山河大地全現法王身，此是魂之靈處，列子仲尼篇使合於心數語與之相印。〔按，丁酉本「山河」下有一「及」字，「使合」作「體合」。〕

仲尼篇壺丘子禦寇之游一段，是養神之學。老氏固以本爲精，以物爲粗者也，孟子反身而誠，萬物皆備，亦卽此意。〔按，「反身而誠」、「萬物皆備」二句丁酉本前後互倒，「亦卽」作「亦有」。〕

壺丘子「游其至乎」一段，是無入不自得之説，亦支離涓介觀化之義也。

「龍升曰：吾鄉譽不以爲榮」一段，仍是阿那會境，可靜而不可動，能立而不能用，禪心已作沾泥絮，婆子固當燒庵也。〔按，「可靜」上丁酉本有「可境」二字。〕

尊命爲孔子大義，此則楊與之同，而墨非命。蓋楊主無爲，托命自然，墨主有爲，故力征經營。抑死則楊、墨同，而異於儒者，亦與佛氏同也。楊朱。〔按，「抑死」上丁酉本有「力命」二字。〕

李斯之亡二世，楊廣之亡隋，皆楊朱縱欲之説開之也。〔按，丁酉本句末有小注「楊朱」二字。〕

送死不含珠玉，不服文繡，不陳犧牲，不設明器，此雖非聖人愼終之道，然尚是異端有道術之言。秦皇用其縱欲，而驪山枯骨尚累數萬人，此則違楊氏之旨矣。

管仲、晏子相去百年，不當同論養生，且所言皆楊氏之學，當是託言。戰國諸子多如此。〔按，「管仲」、「晏子」丁酉本分別作「管夷吾」、「晏平仲」，「相去」下有一「且」字，「諸子」下有一「皆」字，句末有小注「楊朱」二字。〕

廢而任之，究之於盡，是楊學宗旨。

老、楊皆攻名爲義，妨其自然也，然彼欲人不争而去其名，不知人不争名而争利，其争更甚。其術亦淺矣哉！以上言楊朱。〔按，丁酉本「攻名」上丁酉本有一「以」字。無句末「以上言楊朱」小注。〕

卽善且不爲，何況爲惡之說，與勿造諸因，以善爲障之旨同。〔按，「何況爲惡」丁酉本作「何況不惡」。〕

孟荀

荀子言子思出於子游，史記言孟子子思門人，則孟子亦傳子游之學。

孟子本旨在仁，由仁推之，而與人交則爲孝弟，施於制度則爲井田。〔按，「施於制度」丁酉本作「推之於制」。〕

孟子言治天下，皆曰與民同之，此眞非常異義，全與西人議院民主之制同。〔按，「皆曰」丁酉本作「皆由」，「此眞」下有「孟子」二字。〕

〔佛一百年後出阿育大天王，孔子則有魏文侯，皆推行其學。〕〔按，此條據丁酉本録存。〕

韓非顯學篇有樂正氏之儒，知孟子後學僅樂正一人而已。〔按，丁酉本「韓非」下有一「子」字，無句末「而已」二字。〕

孟子性善之說所以大行者，皆由佛氏之故。蓋宋時佛學大行，專言卽心卽佛，與孟子性善暗合，乃反求之儒家，得性善之說，極力發明之，又得中庸天命之謂性，故亦尊中庸。然既以性善立說，則性惡在所必攻，此孟所以得運二千年，荀所以失運二千年也。然宋儒終日言變化氣質，又謂有義理之性，有氣質之性，此宋儒之蔽也。〔按，丁酉本於「所以大行」下有「於宋儒」三字，「宋時」作「宋儒」，「極力發明之」上有一「乃」字，「尊中庸」上有一「極」字，「孟」下均有一「子」字，「然宋儒」以下作：「然宋儒言變化氣質，已不能出荀子範圍，此則宋儒之蔽也。」〕

荀言後王與孟言先王，皆指孔子。〔按，丁酉本「荀」下有一「子」字，無「與孟言先王」一句。〕

孔子愛同類。荀子不傳易。〔按，此句丁酉本另作一條列於前。〕

荀子與論語義同證。師法出於荀子考。〔按此句丁酉本另作一條列於後。〕

荀子不甚以聖人二字爲尊。〔按，「二字」丁酉本作「之學」，於句下尚有「蓋聖人是第二等人，孔子是神人」一句。〕

莊子知其無可奈何而安之，是艱苦老僧；孟子莫非命也，順受其正，是羅漢境界；子思君子無入而不自得焉，正如佛氏地獄天堂皆成佛土，是菩薩境界；孔子天下有道，某不與易，正佛所謂我不入地獄，誰當入地獄！此佛境界也。〔按，此條爲丁酉本無。〕

荀子兼言孟子〔按，丁酉本無此小注。〕

孟多言仁，荀多言禮，禮之於賓主也，動容周旋中禮，三自反而有禮。孟子禮學甚淺。〔按，丁酉本於「孟子」下有一「言」字。〕

孟言義理，故宋儒尊之。

宋施洪玉有四文：尊王、賤霸、性善、□□，推尊孟子。〔按，「□□」原抄本如此，丁酉本亦無，末句作「以推重孟子。」〕

禮樂全爲孝弟起。

孟子獨得功夫在知言養氣。

讀孟子入手最好，所謂由狂狷起脚。

〔孟子尊言與民同之，是高論。〕〔按，此條據丁酉本録存。〕

荀子言人倫食用最詳。〔按，「食用」疑當作「日用」，然兩本皆作「食用」。〕

孔子後有孟、荀，佛有馬鳴、龍樹。孔教後有漢武立十四博士，佛後有阿育大天王立四萬八千塔。

諸家盛衰頗爲暗合。抛却自家無盡藏，沿門托鉢效貧兒。

荀子步步爲防，故氣弱，孟子則否。

萬物皆備於我，孟子何等氣象。

讀書不須記性，孟子其三人則予忘之矣，又其詳不可得聞也，可知孟子不甚强記，但本事在知言養氣耳。〔按，「不須記性」丁酉本作「不全在記性」，「孟子」上有一「觀」字，「可知」下無「孟子」二字，「但本事」作「但其本領」。〕

傳詩則申公，禮則東海孟公，春秋則胡母生，皆荀子所傳。孟子之後無傳經，惟韓非子顯學篇有樂正氏之儒。宋朱、陸二派亦然，象山弟子著録數千人，而後學不甚光大，朱子之後彬彬濟濟。可知外學之不可以已也。〔按，「外學」丁酉本無「外」字。〕

大程全是佛學，凌廷堪攻朱子。〔按，「大程」下丁酉本有一「子」字，「凌廷堪攻朱子」一句另列條在前。〕

皮日休謂，孟子功不在禹下。

孟子則六祖之法，直指本心，卽心卽佛也。〔按，「則」丁酉本作「用」，「卽佛」作「是佛」。〕

歆亂經後，於是人趨訓詁，後又變老、莊，變佛，全説虛理，至唐韓退之，反求之吾儒，於是力尊孟子。

佛學除人倫外，其餘道理與孔子合。

孟言性善擴充，不須問學，荀子言性惡，教人變化氣質，勉强學問。 論語多勉强學問人， 天下惟中人多，知荀子可重。〔按，「孟」下丁酉本有一「子」字，「教人」上有一「專」字，「論語」作「論説」，「學問人」作「學問工夫」，「知荀子」作「可知荀學」。〕

荀言窮理，多奥析，孟言養氣，故學問少。

孟言擴充是直，荀言變化氣質是曲。 孟子但見人有惻隱、辭讓之心， 而不知人有凶殘、争殺之心也。〔按，丁酉本於「直」下、「曲」下均有一「出」字，「變化」下無「氣質」二字，無「而」字，「人」下有「亦」字，「凶殘争殺」作「殘暴争奪」。〕

孟子一部書不道及中和字，惟言擴充，不妨其過中也。〔按，丁酉本無「惟言」二字，「妨」原作「防」，據丁酉本改。〕

朱子謂象山弟子曰：君等勿學子静不讀書。 又，梭山謂，吾弟其好學，每三更讀書。〔按，「象山」丁酉本作「子静」，「三更」下有一「必」字。〕

智過於師，乃可傳授。

王陽明知行合一，譬之食苦瓜，覺其苦，知也；必食而後知者，卽知行合一也。〔按，丁酉本「苦瓜」下有一「者」字，無「覺其苦」三字，「而後知者」作「而後知其苦」，「卽」作「則」。〕

〔孟荀言先王後王，皆指孔子，無關乎禹、湯、文、武事。〕〔按，此條據丁酉本録存。〕

博學而詳說之，孟子只此句言學，荀子則開卷便勸學。荀子少擴充一條，故有議其忘己逐物者。〔按，「只」丁酉本作「止」，無句末「者」字。〕

孔子言王，猶佛言法王，聖多借人爵以明天爵，令人易曉。

一畫貫三才謂之王，民所歸往謂之王，孔子何愧！文王既没，文不在茲，孔子亦不辭也。〔按，「何愧」下丁酉本有一「焉」字。〕

國語及各書多引書經，孔子後學多如是。〔按，「書經」丁酉本作「詩經」，「孔子」作「孔門」。〕

荀子文佳於孟子，孟天分高，荀工夫深。

孟天分太高，教人絶無下手功夫，惟「必有事焉」數句尚是。〔按，此條爲丁酉本無。〕

孟最惡鄉人，最有理，有國習、有鄉習、有家習，能掃除積習，則善。〔按，「孟最」丁酉本作「孟子」，「有國習」作「一國有習」，「有鄉習」作「一鄉有習」，「有家習」作「一家有習」，「掃」作「破」，「善」下有「矣」字。〕

孔子類字最重，有形異者，有性異者。

有積善者，積之至，神明自得。孟子左右逢原，朱子一旦豁然，略同。而神明自得四字尤精。〔按，丁酉本無「略同」二字。〕

〔學以一爲主。〕〔按，此句據丁酉本録存。〕

用雙筆，荀文故佳。〔按，此句丁酉本作：「荀子之文多用雙筆，故佳。」〕

勸學篇假、立、積、專分四段發揮。〔按，丁酉本「專」誤作「尊」，作「揮」字。〕

通篇但不知學問之大也，學字正點，餘皆譬喻。

孟子高流，荀子正宗。

始於學經，終於讀禮，是入學門徑，孟子則無之。六經惟禮可行，故孔子言報禮，荀子於經外獨提出，亦是荀子心得處。〔按，「報禮」丁酉本作「執禮」。〕

「真積力久則入」六字精絶。〔按，「精絶」丁酉本作「最精」。〕

或謂六經無真字，謂其出於佛書，未讀荀子耳。〔按，「謂其出於佛書」丁酉本作「謂出佛經」，「未」上有一「真」字。〕

詩者，中聲之所出也，孔子樂專講中聲。〔按，「所」下丁酉本有一「自」字。〕

孟子通詩經，明治天下之大端，荀子則切乎人道之極。

荀道部不講及易。〔按，「荀」下丁酉本有「子不甚傳易」五字。〕

孟子言堯、舜，言民，詩、書言民情，甚切。〔按，「書」下丁酉本有一「學」字。〕

制度有窮時，惟孔子大義要明，春秋大義要明。春秋之微也，董子亦云，莊子謂春秋以道名分，淺矣。

荀言詩、書之博也淺，惟言禮最精。〔按，「荀」下丁酉本有一「子」字，「言禮最精」作「言禮則精細」。〕

以進賢爲第一義。

度量分界，經緯蹊徑，下字精細，孟子所無。〔按，丁酉本「精」下無「細」字。〕

孟跳盪，荀俊實，孟子筆虛，荀筆實。〔按，「孟」「荀」下丁酉本均有「子」字，「俊實」作「樸實」，「孟子筆虛」之「虛」原誤作「實」，據丁酉本改。〕

能定與大學義合。

修身篇「見善」數句，卽孔門見賢思齊之説。

血氣志意知慮皆由禮，卽是孔子一部禮經。〔按，「卽」丁酉本作「直」。〕

治氣養心之術，言變化氣質，古今論變化最精。孟子養氣，則無治字功夫。〔按，「古今論變化」下丁酉本有「氣質此爲」四字，「孟子」下有「言」字，「治字功夫」作「治氣工夫」。〕

禮學重師法，自荀子出，漢儒家法本此。

荀言禮，故言變化氣質之中和。〔按，「荀言禮」丁酉本作「荀子言禮學」，「氣質」下有一「納」字。〕

史公以孟、荀合傳，最爲特識。〔按，自此條以下丁酉本分列爲「荀子二」。〕

自唐皮日休、韓昌黎攻荀子，而荀日黜。〔按，末句丁酉本作「而荀子被黜」。〕

言性惡，以爲粗惡之惡，董子生之謂性是鐵板注腳。總之，性是天生，善是人爲二句最的。〔按，丁酉本句首有「荀子」二字，「以爲」作「以惡爲」，「董子」下有一「言」字，句末尚有「其善，僞也。僞字從人，爲聲，非詐僞之僞，謂善是人爲之也」數句。〕

〔荀子言性惡，義理未盡。總之，天下人有善有惡，然性惡多而善少，則荀子之言長而孟子短也，然皆有爲而言也。〕〔按，此條據丁酉本録存。〕

孟言擴充，直指本心，荀則條理多。孟子主魂言，荀子主魄言，二者皆未備，白虎通說更精。〔按，句首丁酉本尚有「孟子傳孔子之學粗，荀子傳孔子之學精」一句。「擴充」下有「大指要」三字，「孟」下「荀」下均有「子」字，兩「主」字下均有一「以」字，「白虎通」下有一「所」字。〕

〔荀子最說得精者，是道度量分界，已將聖人一部禮經括出。〕〔按，此條據丁酉本録存。〕

勸學篇「詩者中聲之所止也」，此正詩皆入樂故。〔按，末句丁酉本作「此正言詩入樂之證」。〕

惠施堅白之學，今日歐洲最盛。〔按，丁酉本無「今日」以下一句。〕

荀子亦言內學，解蔽篇虛一而靜句最精。〔按，丁酉本無「荀子亦言內學」一句，「解蔽」以下一句原聯於上條「惠施堅白之學」下。〕

荀多言禮，解蔽篇則言心學，發揮直過於孟，則荀兼內外學也。〔按，首句丁酉本作「荀子詳言禮學，而」「言心學」作「就心學」，「兼內外學」作「亦兼心學」。〕

天理，聖人猶裁成輔相之，故聖人不以天爲主，而以人爲主也，是天理二字非全美者。〔按，丁酉本無「二字」之「二」，「全美」上有「盡」字。又，此條丁酉本聯於上條。〕

論語多仁智並舉，不以仁義並舉，荀亦以仁智並舉，孟則言仁義。〔按，丁酉本「多」下有一「以」字，「荀」、「孟」下均有一「子」字，「則言仁義」作「則以仁義並舉矣」。〕

解蔽篇「不以夢劇亂知」一句，可斷盡一部明儒學案。〔按，「可斷盡」丁酉本作「可以掃盡」。〕

禮論言，禮者，養也，最包括。宋儒只言得一節字，未知聖人養人之義。

荀言有天下者，事七世；有一國者，事五世，是言天子七廟之制，與王制、穀梁全同。鄭氏立四廟之說不足據，惟喪服小記有四廟之說一條，今文家皆無也。〔按，丁酉本「荀」下有一「子」字，無「與王制」三字，「鄭氏」作「鄭康成」。〕

荀攻異端多於孟。〔按，此條丁酉本作：「荀子攻異端最多，直過於孟子」，且聯於上條。〕

三年喪，今文家皆云二十五月，鄭云二十七月，非。〔按，「云」丁酉本作「言」，「鄭」下有「康成」二字，末有「也」字。〕

印度之制，以生人殉葬，用火焚之，夫死則妻殉之。日本喪期年，子於親，妻於夫皆然，祖父母皆百日。西國亦大略如此。〔按，「日本喪期年」丁酉本作「日本皆期年」，「子」上有一「喪」字，末句作「西國之制，彷彿似之」。〕

孔子重教養，不重生，故出嗣他人，則降其本生喪而服嗣父三年，妻於夫亦然。〔按，「本生」丁酉本作「本親」，「服」下有一「其」字，句末尚有「蓋以其教養之也」一句。〕

正名篇後王者，孔子也，下句「刑名從商」數句可知，改制之意，其所采用如此。〔按，「數句」丁酉本作「爵名從周」。〕

情之發雖有六體，而其原實爲兩端，蓋好惡也。〔按，此條據丁酉本録存。〕

道理無不是兩端，一而生兩，故性只有陰陽，情只有好惡。七情皆從好惡出。〔按，丁酉本無小注「七情」一句。〕

朱子謂，情之所之爲意；劉蕺山謂，情之所止爲意。

非十二子篇言子弓、仲尼是也。按，子弓卽仲弓，與孔子並稱，疑荀學出仲弓。〔按，末句丁酉本作「可見荀子之學出仲弓」。〕

儒效篇首論周公，言天下者不可少當也，不可假攝爲也。左氏謂周公攝天子位，漢書王莽傳所言，皆歆僞說。〔按，「天下」丁酉本作「天子也」，二「不可」下均有一「以」字，「左氏」作「左傳」，「歆僞說」作「莽、歆僞說」。〕

又言，道者，非天之道，非地之道，人之所道也，精確之極，與子思中庸以人治人，改而止，道不遠人全通，皆孔門後學同一口說。

禮論篇首一段精絶精絶。〔按，「精絶精絶」丁酉本作「過於論語、孟子、中庸」。又，自此條以下，丁酉本分列爲「荀子三」。〕

現朝會大臣皆以鼓聲爲節，據荀子趨中韶、濩，則韶、濩未必有聲。〔按，「大臣」下丁酉本有一「入」字。〕

劉公是疑小記天子立四廟有闕文，禮當時諸侯立四廟，庶子王亦如之者，謂以庶子入繼大統者，光武立南頓君以上四親廟，即所謂庶子王亦如之也。〔按，「當時」，丁酉本作「當爲」，無「所謂」之「所」。又，丁酉本此條聯上條。〕

大學士俸銀二百零五兩，雍正二十年始加養廉銀二千。〔按，「雍正」丁酉本作「嘉慶」，「始加」下有「大學士」三字，「二千」下有一「兩」字。〕

高宗抄于敏中家，得四萬金，云：朕宮中歲用僅四萬金，著以二萬充公，一萬撥還。〔按，「僅」丁酉本作「亦」，「四萬金」下有一「耳」，「一萬」作「二萬」。〕

張子兩而化一語，化學所本。

今日喪禮行墨子之學。〔按，「行」丁酉本作「皆」。〕

今日婦服夫喪終身，非孔子之意也。〔按，「喪」下丁酉本有一「則」字，「也」作「矣」。〕

印度婦殉夫，荀子所謂刻生而附死也。〔按，「夫」下丁酉本有一「喪」字。〕

〔歐洲皆期服，父母期，夫妻期，日本同，祖父母百日。〕〔按，此條據丁酉本録存。〕

正名篇首段爲孔子立名之確證，必口說也。〔按，丁酉本「首」下有一「一」字。〕

〔情之所發有六體，藴於內者卽只在兩端。〕〔按，此下四條據丁酉本録存。〕

〔性只有陰陽，只有好惡。〕

〔劉蕺山云，性之所安謂意。〕

〔知智之辨子知之。〕

禮論提出別字亦孔子大義也。墨子尚同，孔子尚別。尚別白也，尚同黑也；尚別晝也，尚同夜也。

條理極多而別，條理極少而同。講平等則尚同，講差等則尚別。〔按，丁酉本無「提出」二字，「孔子大義也」作「孔子一大義」，「而別」以下丁酉本缺。〕

擅作典制指墨子也。〔按，此句丁酉本聯於上條。〕

宋儒不講禮，遁入於墨學。〔按，下句丁酉本作「遁」入「墨子」，以下並有「宋儒者墨子之學也」一句。〕

內則一篇是事生者，荀子之法厚於死者，專爲攻墨說法。

漢人重葬，孔子法也，山東猶沿孔子之舊，最重喪。

席薪枕塊，孔子爲山東人而立，南方地卑濕，不必行也。〔按，下句丁酉本作「南人必不行矣，以卑濕也」。〕

唐以前尊荀，唐以後尊孟。〔按，丁酉本「荀」「孟」下均有「子」字，又，自此條以下分列爲「荀子四」。〕

子游言禮，主性惡之說。

言性，告子是而孟子非，可以孔子折衷之。告子爲孔門之說。〔按，「言性」丁酉本作「凡論性之說，皆」，「孔子」下有一「爲」字，末句作「告子之說爲孔門相傳之說」。〕

天生人爲。〔按，丁酉本「爲」下有一「性」字，並聯於上條。〕

性無善惡，善惡者，聖人所立也。〔按，丁酉本無「者」字，「立」作「主」。〕

善謂其出於性也可，謂其生於智也可。〔按，「生」丁酉本作「出」。〕

〔從荀子說則天下無善人，從孟子說則天下無惡人。荀子說似較長。〕〔按，此條據丁酉本録存。〕

學者能以魂制魄，君子也；以魄奪魂，小人也。魂善而魄惡。〔按，丁酉本無「魂善而魄惡」一句，然於句首另有「荀子言性，以魄言之；孟子言性，以魂言之，皆不能備，白虎通言之甚精」一段。〕

孺子有魄無魂，故無知。〔按，丁酉本「知」下有一「識」字。〕

智者魂用事，愚者魄用事。

〔荀子尊言魄，孟子尊言擴充。〕〔按，此條據丁酉本録存。〕

内之於己，變化氣質，外之於人，開廣智識，二千年學者皆荀子之學也。

解蔽篇多言心學，餘多言禮學。〔按，丁酉本「心」下「禮」下均無「學」字，「餘」下有一「篇」字。又，此條及下條，丁酉本均聯於上條。〕

荀子言化誠起僞之學，故主勉强。

惠子卵毛、鈎鬚之學，歐洲盛行。〔按，「卵毛、鈎鬚」丁酉本作「卵無毛，鈎有鬚」。〕

學者患入之不深，入之不深則所得無多，入之太深則爲其所蔽。〔按，「無多」丁酉本作「不多」，「所蔽」作「所用」。〕

鄒、墨皆長天學。〔按，丁酉本無「長」字，此下尚有「曾入一中用長天學也」一句。〕

〔解蔽篇稱孔子爲先王，又稱聖王。〕〔按，此條據丁酉本録存。〕

解蔽篇荀子崇孔子辟異教而發，稱先王及聖王即孔子。〔按，「崇孔子」句丁酉本作「爲辟異教崇孔子而發」，無「稱先王」以下一句。〕

〔不以夢劇亂知一句，可以斷一部明儒學案。〕〔按，此條據丁酉本録存。〕

荀能通心學之本，發禮學之精，以此論之，雖謂之具體可也。〔按，丁酉本「荀」下有一「子」字，「精」作「末」，「論之」下有「荀子」二字。〕

由虛空中生一國土，由國土中生人民，由人民中生血氣。

以一己之知，欲盡人境界，則惑也。

言養心莫若解蔽篇，言治身莫若修身篇。讀修身篇覺張子東銘淺矣。〔按，二「莫若」丁酉本均作「莫如」。〕

〔孟子講養氣，荀子講治氣。〕〔按，此條及下條均據丁酉本録存。〕

〔後世師法之重，出於荀子，孟子無此義，呂氏春秋有之。〕

荀子言學最有次第，言修身最有條理。〔荀子不甚言易，孟子亦不言易，亦不言禮，孟子全是詩、書之學。〕〔按，此條據丁酉本録存。〕

春秋繁露

春秋非詩、書、禮、樂可比，詩、書、禮、樂略而不詳。

公羊高疑卽公明高，明與羊疊韻，羊爲明之僞也。

宋程大昌、歐陽修皆攻繁露爲僞書，非也，然其篇數多錯則是。〔按，「修」丁酉本作「公」，無「書」字。〕

夏、殷、周三代，孔子託之爲三統，公羊家未有能發此。〔按，「孔子」下丁酉本有一「所」字，「託之」作「託以」，「三統」下有「非真三代也」五字，「未有」下無「能」字。〕

凡今學家之殊異者，固由口説相傳各有不同，且孔子每事或立兩義，或立三説，故曰春秋文成數萬，其旨數千，公、穀之異，固當然也。且公、穀大義，亦有公、穀所無而何注及繁露有者，於此可知。〔按，「且孔子每事」丁酉本作「孔子一事」，「或立三説」作「且又立三統」，「何注」下無「及」字，「繁露」下有一「獨」字，「於」作「觀」。〕

今歐洲尚白，亦行孔子三統中之白統也。〔按，丁酉本「今」作「現」，「歐洲」下有一「多」字，無「中」字。〕

自漢梅福奏請存二王之後，此後依之存本朝，且二代之後也，亦行孔制。

漢書經説皆孔子口説相傳，其異者，所聞異詞也。〔按，「相傳」丁酉本作「之傳」，「所聞異詞也」作「傳聞之異也」。〕

世本一書，卽爲真本，必孔門所作，故史記本之，多與今文同也。〔按，「卽爲真本」丁酉本作「卽其爲本」，「必」上有一「亦」字，「孔門」作「孔子」。〕

封禪亦孔制。〔按，丁酉本「孔制」作「孔子之制」。〕

右膝著地而拜，印度之制也。

繁露傳先師口說，尊於孟、荀。

公羊先通制，次通例，次通義。

董子發明五始。

易一姓爲一統。

詩三頌之義與公羊通。〔按，丁酉本此條作「詩有商、周、魯三頌，亦新周故宋王魯也」。〕

凡諸今文家說不同者，皆三統也。〔按，「今文家說」丁酉本作「經禮制」。〕

歐洲吉事尚白，凶事用黑。俄吉事用紅。〔按，「尚白」丁酉本作「用白」，無「俄吉事用紅」一句。〕

印度以正五九廢刑。

做七喪事用。亦佛教。〔按，丁酉本無「喪事用」三字。〕

春秋二百四十二年，魯未嘗朝王，王所之朝，實朝晉耳。

作科卽三科九旨之科，作科卽說法也。〔按，「九旨之科」丁酉本作「九旨之條」。〕

孔子不立一姓，劉向已言之。

孔子之魯，即佛之西天。

日本之明治，安南之寬永，亦孔子立元之義也。〔按，「亦」丁酉本作「即」。〕

王船山通鑑論言春秋時最無道，亦有特識。

畫衣裳而民不犯，即書經象刑也，今無之。〔按，「民」丁酉本作「人」，自此條以下丁酉本分列爲「春秋繁露二」。〕

肉刑漢文帝廢之，至今不用。

孔子言災異，即佛之言地獄。〔按，「佛」下丁酉本有一「民」字。〕

當時諸侯皆祭天地，孔子定爲天子祭天地。

孔子之義在立差等，全從差等出，佛平等即無義也。〔按，「佛」下丁酉本有一「法」字。〕

漢儒皆口說，歆力攻之，故移書讓太常博士云：信口說而背傳記，是末師而非往古。〔按，「博士」下丁酉本有一「書」字，「往古」下有一「也」字。〕

孔子六經皆無奄人之制。

崇禎萬歲山之禍，誤於國君死社稷也，天子不然。〔按，丁酉本無「誤於」二字及「天子不然」句。〕

孔子立義不論成敗，只論是非。〔按，此條丁酉本無。〕

考功名篇分九等，九等人表從此出，黜陟表亦從此出。〔按，丁酉本無「分九等」三字。〕

道千乘之國，以爵國篇及包咸注爲是。〔按，丁酉本「千乘之國」下有「千乘之說」四字，「爲是」作「爲主」。〕

千古官爵之制從爵國篇。

古人貴義理不貴學問，今人貴學問不貴義理。

人禽之異智也。

魂爲主，魄次之，魂爲君，魄爲臣。

狂夫有魄而無魂。〔按，丁酉本「魄」、「魂」二字互易。〕

聖人之治天下，先正名，墨子大取、小取，公孫龍子堅白之說，皆正名之義。

六經文言少虛字，論語說話多虛字。〔按，此條與下條丁酉本次序互易。〕

安南、高麗皆行孔教。〔按，丁酉本句首尚有「日本」二字，「皆行孔教」作「皆在孔教範圍」。〕

學者習小學，以文字蒙求、釋名爲最好。〔按，丁酉本「以」作「最好」，「蒙求」下有一「及」字，無句末「爲最好」三字。〕

名者，人學也，人道所不能少者也。人道隨時而變，莫不趨於簡易。〔按，「人學也」丁酉本作「人道也」。〕

性只有質，無善惡。

白虎通分性情慾，此說從孔門傳出，徧證諸家，莫能及者。〔按，「及者」丁酉本作「及此」。〕

董子微言大義過於孟、荀。

通史學而不通經學，通經學而不通經義，通經義而不通天人之理，皆無當也。〔按，「無當」丁酉本作「無尚」。〕

波斯之造落阿士堆專以陰陽發揮義理。〔按，丁酉本此條聯於上條。〕

入至人界始有善，不入人界無善惡。

一陰一陽之謂道，天界也。

王陽明、羅念庵等所稱爲聖人者，乃覺人，非聖人也。〔按，「所稱爲」丁酉本作「所謂」，「乃覺人」作「覺人也」。〕

冬裘夏葛，智也，非義也。

讀深察名號篇，知董子傳荀學，不傳孟學。〔按，丁酉本「荀」「孟」下均有「子之」二字。〕

荀子專言人學而不言天，董子兼言之。〔按，丁酉本無「董子兼言之」一句。〕

明楊晉庵言只有氣質，甚精。凝之則爲質，散之則爲氣，通天地之物，通天地之理，不外此耳。

董子窮理功夫過於荀，荀過於孟。〔按，丁酉本無「功夫」二字，「荀」「孟」下均有「子」字。〕

董子曾見河間獻王，豈有古文諸經而不知，且並不一道及者乎！〔按，「豈有」以下丁酉本作「豈有古經而董子不知者乎」。〕

董子解孝經：夫孝，天之經也，地之義也，可知口說相傳。〔按，「地之義也」原作「理之義也」，據丁酉本改。〕

荀子禮論言養字，董子爲人者天言悦字，講字甚好。〔按，丁酉本無「董子」二字，「言悦字」誤作「之悦乎」。〕

地球之內，數皆止於十。

陽盛物盛，陽衰物衰，孔子扶陽抑陰之義從斯出。〔按，丁酉本「孔子」上有一「此」字，「從斯」作「所自」。〕

聖人言天理分一陰一陽，言人理並歸一陽。〔按，「天理分」丁酉本作「天地」，「並歸一陽」作「並歸於陽」。〕

陽尊陰卑篇最精。〔按，此條丁酉本無。〕

本朝在明太祖治內。

佛與孔子極相反，相反然後能自立。聖人愛其同類，不同類者，殺之可也，若同類者，不得殺也。佛法平等與孔殊。〔按，丁酉本「然後」上不重「相反」二字，無「自」字「人」字，「不得殺也」下有「此聖人大義」一句，無「佛法平等與孔殊」一句。〕

美事召美事，惡事召惡事，卽佛氏因果之説也。〔按，此條丁酉本無。〕

如夜長者，近日遠也。〔按，「如」原作「水」，據丁酉本改。〕

循天之道篇甚有精意。〔按，「精意」丁酉本作「精思」。〕

禮者，聖人所以安人者也，非苦人也。〔按，「聖」原作「孔」，據丁酉本改。又，丁酉本無「者」字。〕

孔子微言大義，至董子始敢發揮。漢時孔學一統，人皆知尊之故也。王充謂，孔子之文，傳在仲舒，非常大義。〔按，「漢時」丁酉本作「漢朝」，「孔學」下有一「已」字，「尊之故也」作「尊孔子也」，無「王充謂」以下一句。〕

王充論衡云，文王之文，傳於孔子，孔子之文，傳在仲舒。〔按，丁酉本無「王充」二字，「云」作「謂」。〕

緯書云，傳吾經者董仲舒也，孔子能前知，絶奇。〔按，此條爲丁酉本無。〕

王充乃雜家，並非春秋家，言尤可信。〔按，此條爲丁酉本無。〕

〔孔巽軒未信王魯。〕〔按，此條據丁酉本録存。〕

二百四十年，魯未一朝周，子産、子太叔事鄭稱名臣矣，而各爲其國，未嘗一言及王室，可知托王不是奇事，今以後世之天下律古人之天下，何能相合。〔按，「未一朝周」丁酉本作「未嘗朝周」，「以後世之天下」作「以後今天下」。〕

凌曙注公羊耳，未知大義。〔按，「知」丁酉本作「闕」。〕

子貢、閔子、公肩子、世碩、曾子，皆傳春秋，俞序篇可見。〔按，「世碩」丁酉本作「世子」注「世碩」。〕

五帝無少昊，後之燧人、祝融、女媧等，皆僞說也。

〔夏道不亡，商道不作；商道不亡，周道不作；周道不亡，春秋不作。〕〔按，此條據丁酉本錄存。〕

淮南子殷變夏數句亦通春秋，說苑夏道不亡數句亦然。〔按，丁酉本此句作「淮南子殷變夏，周變殷，春秋變周，三代之法不同，何古之同？」又按，丁酉本第二冊至此終。〕

二王五帝，九皇六十四民，皆孔子推改。〔按，自此條以下，丁酉本在第三冊「袁稿」節之後，重出之「春秋繁露一」。〕

王道觀德，玉英、楚莊王數篇多言例。

夷狄中國，論德不論地。

周官襲爵國篇。

爵國篇、王制、孟子同。〔按，丁酉本「篇」下有一「與」字。〕

言五行之變，出洪範。

言陽言歲，卽言日也。〔按，丁酉本「歲」下有一「宮」字，無「言」字。〕

〔客家卽苗民，非黃帝種也。〕〔按，此條據丁酉本錄存。〕

貴州明以前爲羅斯鬼國。

雲南元所改，貴州明所改。

公孫龍子講名學，歐洲學派似之。〔按，丁酉本「講名學」作「講堅白名學也」，「似之」作「似公孫龍」，並分列爲二條。〕

外國名號皆出印度。〔按，丁酉本「皆」作「俱」，此下並有「日本、安南、高麗皆孔子範圍」一句。〕

外國亦有尾音。

〔論語傳記，故多虛字，六經爲經，故少些。〕〔按，此條及下條均據丁酉本録存。〕

〔名者，人學也，人道所不能無此也。〕

天有定之文章，人無定之文章。

董子性之名非生歟，與告子同義，又謂性者質也，又與孝經緯性者生之質也同，多是孔門嫡傳口說。〔按，「歟」，丁酉本誤作「考」。〕

荀悦申鑒、金樓子、論衡皆言性爲生質。〔按，丁酉本無「性」字，「生質」下尚有「而已，不得下善惡字」一句。〕

朱子以爲有生質之性，有義理之性，非也。〔按，「以爲有」丁酉本作「以性爲」。〕

性字，善字要分開講。

〔性善者，孟子得救世之言。〕〔按，此條據丁酉本録存。〕

孟子謂，乃若其情，則可以爲善矣，乃所謂善也。孟子言善不過如此，極是。〔按，丁酉本無「孟子言善不過如此」一句。〕

〔文字蒙求、釋名甚好。〕〔按，此條及下條均據丁酉本録存。〕

〔白虎通分性分情分慾，講得好。〕

董傳微言多於孟，大義多於荀。〔按，丁酉本「董」、「孟」、「荀」下均有一「子」字，兩「多」字均作「過」，「大義」上亦有一「傳」字。〕

天有陰陽禁，身有情慾袵，精絶。

魂，陽也；魄，陰也。

阼落阿士杯，發陰陽之理非七內，一經一權，一總一散，以及內外大小，方圓高下等，皆自陰陽推之。〔按，丁酉本「阼」作「造」，「杯」下有「波斯人，專以」五字，「發陰陽之理」作「陰陽發理」。〕

〔孟子言養言擴充，皆自性命推出。〕〔按，此條據丁酉本録存。〕

易繼之者善也，成之者性也，言繼言成，已入人事。

蒙古衫不裓而著。

〔王陽明、羅念庵謂滿街皆是聖人，以爲人性本善，此非也，謂之覺人可也。〕〔按，此條據丁酉本録存〕

夫性，就其異者言之，則萬物莫不異；就其同者言之，則聖人與平人不甚殊。

〔冬日飲湯，夏日飲水，智也，非義也，此言未精。〕〔按，此條據丁酉本録存。〕

元世宗再上孔子以大成至聖之號。〔按，丁酉本「孔子」二字在句首，無「以」字，「號」上有一「尊」字。〕

〔楊晉庵謂，性只有氣質，無義理。義理者，從氣質中再下工夫。〕〔按，此條據丁酉本録存〕

易言裁成輔相四字甚精。

凝散二字，盡天下物理。〔按，「凝散二字」原作「形散二言」，據丁酉本改，「天下」丁酉本作「天地」。〕

仲舒親見河間獻王，史公從董子問，故安有見古文而絕不一言者？〔按，「仲舒」丁酉本作「董子」，「從」上有一「曾」字，「故安有」以下作「故而古文書，二人絕不道及，古文非劉歆所僞哉！」〕

董子解經通天人，朱子專解人事，故朱子只通孔子一半。〔按，「解經」下丁酉本有一「能」字。「專解」原作「亦言」，據丁酉本改。又，「只通」丁酉本作「只得」。〕

受字亦孔子大義。

天子祭天亦稱臣某，蓋爲天所統也。〔按，丁酉本無「蓋爲天所統」一句。〕

五行不必泥其實形。

〔雜家皆從孔子出。〕〔按，此條據丁酉本録存。〕

數以十爲止，外國亦然。

大明終始，孔子重日。

數日者，據晝而不據夜，亦扶陽抑陰也。〔按，「據晝」之「晝」原作「日」，據丁酉本改，「抑陰」下丁酉本有「之義」二字。〕

孔子言天道，陰陽齊舉，言人道，並歸於陽，故國只有一君，家只有一主，妻亦從夫之姓，此極精之論。〔按，丁酉本「天道」、「人道」下均有一「也」字，無「此極精之論」一句。〕

天道大數相反之物也，此句極精。

莫精於氣，莫富於地，莫神於天，三句包無限道理。〔按，丁酉本無「三句包無限道理」一句。〕

繁露有大義，有微言，有制有例。〔按，「制」丁酉本作「禮」。〕

〔人副天數篇言人甚詳，與物相同。〕〔按，此條據丁酉本録存。〕

孔子以元統天，作天爲一小器皿，立元以統之。〔按，「立元」丁酉本作「有元」。〕

〔孟子公明氏卽公羊氏。〕〔按，此條據丁酉本録存。又，自此條以下，丁酉本在第三册「袁稿」節之後，重出之「春秋繁露二」。〕

咒卽佛之口説。

竹簡長二尺四寸。〔按，丁酉本此下尚有「每簡刻二十五字，二十三字不等」一句。〕

孔子統天以元，與佛言三十六天無異。〔按，「統天以元」丁酉本作「以元統天」，「佛言」作「佛氏之言」。〕

印度三時，無秋，以四個月爲一時。緬甸二時，每時六月。歐洲英、法等國以十一月爲正，俄十二月爲正，皆在孔子三統之中。〔按，「無秋」丁酉本作「春夏冬」，「國以」二字作「俱」，「三統之中」作「三統之内」。又，「歐洲」以下丁酉本另作一條。〕

佛託之七佛，老託之三清，孔託堯、舜以大同，託文王以小康。〔按，丁酉本二「託之」下均有一「於」字，「老」下有一「子」字，無「孔託」以下一句。〕

論語言仁四十二章。

春秋時，魯之於周，猶高麗之於中國。〔按，「中國」丁酉本作「我清」。〕

漢用黑服，卽本朝之天青褂。孔子用黑統，儀禮衣服皆尚黑，緯書言，孔子黑龍降世。〔按，「漢用」丁

酉本作「漢人」，「孔子」下有「制也」二字，無「用黑統」以下一句。〕

外國以一點鐘未刻爲明日。〔按，此條丁酉本作：「歐洲俱尚黑，且以一打鐘爲第二日。外國行吉禮全是用白，俄則用紅」。〕

〔正本而末應，正内而外應。〕〔按，此條據丁酉本録存。〕

道士敕法作禹步，勞左而逸右也。〔按，「左」「右」丁酉本互易。〕

天本元氣而成，人得元氣而生。

孔子立義自父子始，特著孝經。若未改制以前，則夫婦之道不謹，父子不親，故制作六經，易言夫婦，書始釐降，禮重冠昏，春秋譏不親迎，詩首關雎，皆先重夫婦。〔按，「特著」丁酉本作「特有」，「不謹」下有「故」，「不親」下有「也」，「故制作」作「故孔子作」，「書始」作「書言」，「詩首」作「詩言」，無「先」字。〕

禮始於謹夫婦、正夫婦，專爲父子起見也。

六經懸空道理。

〔墨子夏三月服，日本父母夫俱着朞服，歐洲亦一年服，惟孔子三年喪。〕〔按，此條據丁酉本録存。〕

至親以朞斷，三年之喪加隆焉已耳，是孔子加隆。

孔子立三綱之道以治人。〔按，丁酉本此下有「父爲子綱，夫爲妻綱，君爲臣綱」一句。〕

舅姑三年喪及父母俱三年，是武后所定，孔子之制，父在母没一年喪，舅姑爲三年喪，則非孔子制矣。〔按，丁酉本於「父母俱三年」下有一「喪」字，「舅姑爲」上有一「而」字，無「爲」字。〕

天者，萬物之本，祖宗，類之本，君師，治之本，禮三本。〔按，此下丁酉本尚有「孔子一切制度皆從夫婦父子出」一句。〕

孔子送死講得最詳，何以養生一條反略？蓋送死有定，養生無定，送死能如此，則養生可知。〔按，「孔子」下丁酉本有一「於」字，無「何」下「以」字。〕

元卽太極。

孔子蒼帝之精，緯書言。

五帝三皇之治天下，不敢有君民之心，甚精，可與黃黎洲原君篇合讀。〔按，「甚精」上丁酉本有「此句」二字。〕

中國君主始於夏啓，以前皆民主。〔按，此條丁酉本無。〕

莊子在宥篇，列子黃帝篇，寫得太平景象。

天發殺機，龍蛇起伏；人發殺機，血流川谷，出陰符經。

逸周書有明醜篇。〔按，「明醜篇」丁酉本作「明魂經篇」。〕

孔子刑，亂世用重典刑，中世用平典，太平世用輕典。〔按，「中世」丁酉本作「平世」，「平典」下有一「刑」字。〕

孔子有杖刑、肉刑，不得已也。〔按，丁酉本無「肉刑」二字。〕

孔治及草木，佛治及衆生，同義。〔按，丁酉本「孔」下有「子」，「草木」下有一「與」字，「佛」下有一「氏」字。〕

〔聖人只效天。〕〔按，此條及下條據丁酉本録存。〕

〔封禪碻出孔子。〕

孔子以五行災異治君，使有警心也，佛言地獄卽此意。〔按，「警心」丁酉本作「所畏」。〕

〔立義全從差等出。〕〔按，此條下三條均據丁酉本録存。〕

〔社只祭地，天子祭也。諸侯之祭社，只祭百里之地而已。〕

〔佛法平等，無義也，不可行。〕

高麗先降，封金印，使用侍郎；安南後降，封銀印，使用中書。

繁露書目多用三字，與緯書合。

〔大經，春秋也；大本，孝經也，中庸鄭注之說。〕〔按，此條據丁酉本録存。〕

佛氏戒人不得墾土辟穀。

天生之以孝弟，地養之以衣食，人成之以禮樂，三句甚精。

〔董子只傳荀子之學，不傳孟子，可見荀子之後盛，孟之後微。〕〔按，此條據丁酉本録存。〕

孔竅之所利，此言煞有至理。凡人一身有竅處，亦有嗜慾，其義可見。〔按，丁酉本無「凡人」以下一句。〕

孔子立法以制人者也，老、佛恐爲人所制者也。

〔九等人喪，從考出功名篇。〕〔按，此條據丁酉本録存。〕

佛氏專想行息。

孟子述周制，傳孔子之大一統。

司馬法，劉歆僞書也。〔按，下句丁酉本作「劉歆之僞說也」。〕

〔昏義所言二十七世婦，八十一御妻，謂卿大夫、元士之妻也。〕〔按，此條據丁酉本録存。〕

外國有寶星，本朝有三眼翎、寶石頂，皆卽九錫之義也。〔按，末句丁酉本作「等，卽九錫也」。〕

聖人制字，從羊者善，從犬者惡。

孟子多言仁義，論語多言仁智，皆微言也。

印度見白牛稱爲神爹。〔按，丙申本上册至此終。〕

漢書百官公卿表〔按，此節丁酉本無〕

史學莫要於地理、職官。

欲通古職官，先通今職官；欲通古地理，先通今地理。

李氏五種地理可考。

地理歌亦須記。

古職官書之最大者周禮，而自劉歆僞盜繁露而爲之，隋、唐奉爲典令。

以石計俸出戰國，郡縣令石，皆戰國制，漢因之耳。

土耳其相月俸一千八百磅，約當中國六千。

通典職官可考，並皇朝通典考之。

明銀價貴，每月兵糧二錢，至本朝加之九十六錢。

重黎祝融尚見於大戴，餘皆劉歆僞。

戰國時，每一君一相，外國似之，孔子立三公，尚有數相。

孔子立冢宰二伯，亦一相也。

尚書令卽今內閣大學士。

後漢立三公，魏有三公，權不重，重中書令，六朝因之。晉加至八公：師、傅、保、司徒、司馬、司空、大將軍、太尉也。中書日事皇上，發爲尚書。漢之中書，雜用宦者。尚書令六百石，後升至千石，猶今三品。通六朝，皆中書、尚書兩書。某曹者，今章京也。

至隋始分六部，唐因之。

三省皆爲宰相。

六朝下，門下有散騎、侍中、常侍。

唐中書令正二品，中書侍郎，門下侍郎正三品。

唐以劉曲平章政事，三品，權在同中書門下平章政事，權重。

門下擬旨，中書承旨，尚書奉旨。

門下卽今奏事處也。

中尉又改樞密使，宦者當之，卽今神機營大臣。

自後唐郭崇韜爲樞密，遂爲相。

宋分樞密使，中書令、平章正三品，參知政事，樞密副使皆相也。

荆公改制，復唐舊時，多至八相。

秦之丞相後不用，惟曹操、董卓、司馬師等皆加丞相，卒至篡位。六朝加冢宰、大丞相、大司馬，皆

候補皇帝也。

唐儀同三司，即今之加銜頂帶也。

三公稱府，漢制。

明左右丞相，正一品，右大於左。

元朝設中書，有外事則中書行。省分十二省，每省有丞相，設官如朝廷。

明自胡惟庸後不立宰相，太祖謂，請立宰相者斬。猶國朝請立太子者斬也。

明永樂有大學士以殿名，有建極、華蓋、謹身等號。謹身即今保和也。

本朝升宏文院國史院，康熙初從一，十餘年後改正一。

軍機設於雍正七年，在乾清宫側，滿人執政，漢人備數耳。軍機可當宰相，後來頗用漢人。本朝雍正以前權在南書房，雍正以後權在軍機。今日則軍機與總理衙門皆有權。

本朝相無印，大學士無銜，近有内閣印。

金外官二品上銀印，三品下銅印，内官三品上銀印。

綬，舊制，非孔制、秦、漢制。

今親王、郡王、貝子、貝勒皆金印，今上玉印。

長史者，今內閣學士相下屬官首領。

自漢太尉掌武，今之提督；明指揮使，宋鈐轄，今各步軍統領。

晉將軍極多，四征、四鎮、二騎。北魏尤多將軍之號，賤矣。

唐用府兵，孔制也。折衝果毅，分領十六府，府設大將軍。張說改爲彍騎，後改藩鎮。

宋樞機不管兵，有都檢點，猶太尉。

嘉靖年始改提督、總兵、參將、副將無品級，臨時派去，今則爲階官矣。

四庫書在文淵，故獨有校理。

明中進士，卽爲御史。

今奏事處，內務郎中爲之。

御史中丞至明始改爲都察院都御史。

太傅見左傳，陽處父爲太傅。殆有幼子立，而後設此官。

司徒、司馬、司空，至宋尚有。

年羹堯後無大將軍，改經略大臣，道光後無之，曾文正亦不敢當。

今太常升官而已，禮部、太常不必兩立。

秦博士屬禮官，唐立國子監，六朝亦有，始改屬□□。〔按，「□□」原缺。〕郎中令猶今之領侍衛内大臣，親郡王做。大殿之柱四重。

武狀元爲乾清門侍衛。

鴻臚贊禮郎卽古謁者。

今洗馬、祭酒、庶子三官最古。滿洲謂僕射爲固山。

今有刑部，復有大理，架床疊屋矣。

駙馬尚公主自晉始，至唐明則定爲例。

漢只有王侯二爵，魏、晉始分封五等。

武品大於文，自明始。

史記儒林傳〔按，此節丁酉本無。〕

史記應立儒林傳，餘史不應立。蓋漢武以前孔、墨並用，故史記特立儒林傳，漢後儒教一統，復立儒林傳未合史裁。

史記多録兵家言，此是戰國氣習。

康王晏朝，關雎作諷，韓詩說。

孟子名之曰幽、厲，又曰：三代之失天下也。可知東遷以後，周已當亡。

戰國之諸侯，猶今之屬國，强則服之，弱則叛焉。

作春秋以託王法，其詞微，其旨博，故全賴口說。

禽滑釐受業子夏，後事墨子；莊子受業於田子方，田子方又受業於子夏。

孔學之明，全賴帝王奉行，又賴門人傳教。

孔子之學，上行而及於天下；耶氏下行而徧於上。孔注意在君，耶注意在民。

魏文侯首崇聖學，宜從祀孔廟。

吳起受業子夏，又受業曾子。

子夏之門多將相。

齊、魯之間，學者不廢也，可知書不能焚。

孔子之後，儒分爲八，至孟、荀遂分兩大宗。孟、荀之微言最多，論語尚少。蓋論語隨意記孔子之言，而孟、荀則有意明道也。

舉兵圍魯，而魯中諸儒講誦不輟，如此則書未能焚。

詩、書、禮、樂、易、春秋，六經之序如此，無以易先詩者，顛倒之自漢藝文志始，蓋藝文志卽劉歆七略也。

太常卽今之禮部尚書也，太常博士弟子卽監生之始也。

漢二千石太守卽今從二品，如巡撫之類，掌一郡，凡十數知縣。

詣太常得受業，卽貢生，如弟子，卽增生。此卽開孔子之學、科舉之始，非復世卿。孟子傳孔子之學，故論每如此。

孔子立君臣之義，而革卦又云：「湯、武革命，順乎天而應乎人」，此非常大義。

古無舜典，並入堯典，稽古帝舜廿八字後人加。

史記所引傳說、太甲，皆孔子删之文。

玉藻、内則、少儀，皆言容學，賈子有容經。

大、小戴出於宣帝。

史公爲楊何再傳弟子，傳孔子易學。

史記兩漢儒林傳（按，此節丁酉本無。）

荀子去秦焚四十餘年。

伏生、轅固生等讀秦焚以前書，秦焚時已四五十歲。

考書以史公爲據。

古謂之禮，歆加儀字。孔子所作只十七篇，謂此經不具者，謬。

毛家法不清白。

易上下二篇皆孔子作，不關伏羲、文王、周公，繫辭亦孔子作。

史記儒林傳絶不言及左氏，可知歆僞撰。

幽、厲之後，當周已亡，故平王降爲風，歸入春秋一代。

唐進士報牒於郡，則得授官。

漢皆今文學。

衍聖公宋封，今六十四世。

毛詩序初則歆撰，餘衛宏。

序卦、雜卦歆僞；説卦，河間女子所得。

爾雅亦歆僞，康成爲歆功臣。

劉歆、王肅爲僞書之祖。

晉尚清談而經學掃地。

梁武尚經學。

南朝之學，得其精華；北朝之學，得其枝葉。

晉老、莊之學，六朝佛學，唐有文章無經學，南北朝之學皆古學。

景鸞之作月令章句與禮記之月令不同，月令之可據者，莫如夏小正，尚書大傳次之，管子又次之。

禮記、逸周書、吕覽皆不足據。

左傳，南朝行杜注，北朝行服注，孔穎達南學也，故今本亦用杜注。

包咸傳魯論語，凡有包咸之説，最可寶貴。道千乘之國，千乘當從包咸。

古文尚書亡於永嘉。

晉人老、莊既盛，宋世山水方滋，世説新語可見晉、宋清談之大家。

唐朝經學之書，今日僅存四部。

漢書藝文志

目録之學，古人無之，創始於藝文志。〔按，「藝文志」丁酉本作「漢書」。〕

目録之體裁，肇於七略。其後也，魏鄭默始著中經，晉荀勗又因中經更著新薄，分爲四部。

宋謝靈運造四部目録，王儉又造目録，又嘗撰七志。齊王亮、謝朏又造四部書目。梁有任昉、殷鈞四部目録，又文德殿目録，其術數之書更爲一部，使祖恒撰其名，故梁有五部目録，阮孝緒更爲七録，皆不存，見隋志。〔按，丁酉本「又嘗撰七志」作「儉又别撰七志」，「祖恒」作「祖晅」，「不存」下有一「焉」字，「見」下有一「於」字。〕

隋書經籍志當謂之五朝史志。

彙刻書目、書目題解，學者當置之座右。〔按，「座右」丁酉本作「席上」。〕

學者讀書最要圖譜。

校書之學開於漢，六朝無之，至宋劉敞等復開之。

本朝校書家，聰明以王引之爲最，精實以顧千里爲最。

鄭漁仲最贊任宏校書，爲其有圖也。

易卦氣失，口説失，經文不甚謬。

淮南九師法，荀爽九家注。

王制之法，車甲屬之大司徒，屬之司馬，歆僞説也。〔按，「車」原作「本」，據丁酉本改，「屬之司馬」上丁酉本有一「謂」字，「歆僞説也」作「劉歆説也」。〕

律曆

西儒里茶盧摩市考出左氏漢曆，非周曆。〔按，此條丁酉本作「西人理雅角考出左傳是漢曆，非周曆」。〕

中國言曆凡廿二家。〔按，「言」丁酉本作「之」。〕

天官書專主張占，曆書專主張曆。

中國言天學，元郭守敬爲第一人。郭太史每度分爲一百分。〔按，丁酉本無「元」字。〕

隋人張守信始知月大月小。

黄鐘爲萬物之始，劉歆之言。

史記雖有曆書，無之可也。〔按，「雖」丁酉本作「曾」，「書」下有一「作」字。〕

郭守敬得於回曆爲多，徐光啓得於歐洲曆爲多，皆外國之曆也，中學之曆已亡矣。〔按，「歐洲曆爲多」丁酉本作「西歐爲多」，「中學」作「中國」。〕

史記律曆書分爲二，漢書合律曆志爲一，此則歆之謬也。〔按，「則」丁酉本作「劉」。〕

以律立法，歆之説也。律學不可以通曆，易學則可通曆。〔按，丁酉本「歆」上有一「劉」字。〕

中國以潤月而成歲，西國以潤日而成歲，回以太陽太陰曆兼潤日月而成歲。〔按，丁酉本無「西國以潤日而成歲」二句。〕

美國賀旦有天文台，在洛基大山有天文鏡甚大。

辰者，日月所經行之路也。

回回曆專言月，合地統。

天皇星，乾隆間測出，計七十年繞日一次。〔按，丁酉本無「測」字。〕

光緒十七年，新測之星二百四十九。〔按，「新測之星」丁酉本作「所測星」。〕

五星無會。

太初曆爲十三家所自始。

古曆一變，太初曆至姚信輔一變，授時曆一變，西曆一變。〔按，丁酉本「西曆」作「西法」。〕

今京師皆郭守敬經營。

〔堯典、禹貢、洪範皆孔子所作。〕〔按，此條及下條均據丁酉本錄存。又，自此條下丁酉本又列出「律曆」一節。〕

〔印度三時，無秋，惟有春夏冬，各占四月。〕

歐洲無潤月，回回亦然，元朝用之九執曆是也。

歐洲論日數有三十號、二十九號，則仍以月計也。

每年溢十一日零四個時。

分至管日，潤管月，年朔令朔者，日與月會纏。

回回有太陽太陰曆，太陽有潤日。〔按，「回回」丁酉本作「回教」，「太陽」下有一「曆」字，「潤日」作「潤月」。〕

〔回教無潤月。〕〔按，此條據丁酉本録存。〕

歐洲古國及羅馬，一年分爲二時，與中國四時異。

周朝歸餘於終，則均潤十二月，至今論二十四氣無中氣，皆謂之潤月。夢溪筆談謂，用二十四氣不論月。〔按，「皆」丁酉本作「者」，「夢溪筆談」上有「沈括」二字。〕

二十四氣見易緯通卦驗。

冬至夏至欲測準極難。〔按，此句丁酉本作「冬至夏至極難測，以其不準故也。」〕

江慎修能知二至之謬。

天官書所言星皆與緯書合。

協時月、正元日，是孔子大義，元月元日二千年來皆用之。

伊訓以十二月見嗣王，蓋二十是假，亦明堯典之義矣。

一年改二號，亂世之制。

何注天子得改元，諸侯不得改元，左氏則以爲諸侯得改元矣。

於豳風可見孔子三正並用。四月惟夏，夏正。九月蟋蟀入我床下，周正；七月流火，夏正。一之日觱發，周正；二之日栗烈，殷正。於此可見，三正並用非孔子作而何？〔按，丁酉本無「於豳風可見孔子之正並用」一句及「於此可見」以下一句。〕

〔千古無三正並用之理。〕〔按，此條據丁酉本録存。〕

高、惠、文、景皆用十月爲歲首，秦制也。武帝太初元年始用夏正。〔按，丁酉本此下尚有「孔子三統皆託古」一句。〕

漢初固本於秦，秦疑本於周，究未得定據也。〔按，首句丁酉本作「漢制十月爲歲首，疑本秦」，「秦疑」句「秦」下有「用十月」三字。〕

後漢肅宗以四月爲歲首。

回教、印度皆用夏時。〔按，丁酉本此下尚有「以正月爲歲首」一句。〕

大戴文王官人、夏小正可作經讀。〔按，「大戴」下丁酉本有一「禮」字。〕

土星十二年一周天。

樂〔按，丁酉本作「樂學」。〕

禮樂皆本於人情所不能已。

陽明謂，戲本能擇忠孝者，有補於人。〔按，丁酉本無「於人」二字。〕

毛詩謂，雅、頌入樂，餘皆不入，謬。

詩皆入樂，孔穎達說亦然。

書教冑之專言樂。

周禮有樂德、樂言、樂舞、樂器，甚精。

聲依永，永者韵也。公羊有長言之、短言之。古韵最寬，今戲本有長言之者，平仄隨押，與古詩同。〔按，「今」上丁酉本有一「觀」字。〕

韵學言人人殊，共舉詩、易二經，而說紛糾，不通矣。

詩有韵，詞無韵，依永也。〔按，丁酉本「詞無」下無「韵」字。〕

樂是孔制，孔子去黃帝三千年，或以爲六千年。漢書樂律志。

漢之將進酒。至唐廿四曲。明九曲。〔按，丁酉本「明」上有一「宋」字。〕

明南北部今不傳。

姜白石集今不解其工尺等音。〔按，「不解」丁酉本作「不能解」。〕

笙詩以爲逸詩，非。蓋有聲無詞也。〔按，「非」丁酉本作「謬」，「聲」作「音」，「詞」下有一「者」字。〕

六代樂皆孔子作。

韶、夏、濩不見詩，肆、夏等有樂聲，無詞。〔按，丁酉本此上有「維清六章」四字。〕

墨子謂，孔子弦詩三百，歌詩三百，是。〔按，丁酉本「謂孔子」作「傳其學」，「是」上有一「等」字。〕

漢興，尚傳其鏗鏘鼓舞。〔歌聲曲折。〕〔按，此句據丁酉本録存。〕

葉廣堂者，南人，協律爲最。

制氏樂具漢官，董、劉、貢等紛紛請立，樂可知未立官。

樂失其數，非失其義。

大戴投壺禮，尚有八篇可歌。

章帝立樂官，爲孔樂立官之始，前漢未立。

禮樂大行於明帝。

晉荀昱請制十二管。

禮運五聲六律十二管，還相爲宫也。此句爲古今立樂主腦，黄鐘律也。十二管，每管五聲，合六十聲，加變宫變徵，爲八十四調。梁至金尚八十四調，宋又行教坊及外人所用。

今燕京，遼大都也。

孔樂行之漢，修之於梁武，而亡於金。〔按，丁酉本無句首「孔樂」二字。〕

明雅樂表微張敔著。紀昀絀之，不知樂之甚。〔按，「紀昀」丁酉本作「曉嵐」。〕

陳鄭奕時，龜兹蘇提婆以琵琶入中國。〔按，「陳」丁酉本作「陸」，「奕」作「吴」。〕

四聲廿八調。今之花旦從廿八調之某某旦始。〔按，丁酉本無「某某」上「之」字。〕

鐃鈸等，印度樂也。

雲鑼，西域回部樂。今多用胡樂矣。

廿四調至宋得十八調，姜白石等又記十六調，後又轉工尺上合士凡代大呂十二律，工尺合八字宋人倍之，又多勾字。〔按，「工尺上合士凡」丁酉本作「工尺何生」，「大呂」作「大品」，「工尺合」作「工尺何」，「倍」作「創」。〕

十二律外加四清聲，故鐘聲皆十六。

今剩七調。

十二管不備，故不能八十四調。

古人以竹聲叶調，故律亦從竹。〔按，下句丁酉本作「故爲宋十六調。」〕

唐以琵琶爲主。

琵琶四弦，一弦四調，故爲宋十六調。

唐、宋以弦度竹，故不叶。

今四字卽黃鐘。宋弦，元、明竹。

宋用弦過竹，元、明用竹過弦，而樂亂矣。

歷朝之黃鐘等律，名同實異。

復古樂，弊在六律度，過求古人尺。

司馬公、胡瑗主橫黍，范鎮等主縱黍。

魏□以黃帝指爲度，尤謬。

本朝樂，莊親王所定。

黍長短肥瘠不能爲定，漢律曆志誤也。

京房候管法，驗之非也。

古尺有歌樂尺、進賢尺二樣。〔按，丁酉本無「進」字。〕

古人甚高大，今則地皮日厚，其力弱，故人短小。今人之指長短亦異於古。〔按，「甚高」丁酉本作「倍」，無「則」「日」二字，「短小」下有「然則」二字，「亦異於古」作「亦與古異」。〕

夾鐘卽雉子鳴聲也，不和。

蔡邕謂，以人聲爲主，求其可感，發人情性。總之，求其加法相生，不必泥古。尺尺無定也，要之有度便是。〔按，丁酉本無「可感」之「可」，無「尺尺」二字。〕

樂以中聲爲主，人聲爲主。宋、元、明至今，皆王朴所作樂也。朴讀書至五十歲，周世宗聘之，制度皆其所定，惜四年而死。平邊策當時不用，後宋盡用之。忠純清介，諸葛孔明無以過也，宋太祖見其像驚曰：此人若在，吾不能得天下也。〔按，「中聲」丁酉本作「鐘聲」，「諸葛孔明無以過」作「諸葛不是過」，無「若」字，「能」字。〕

廣東戲曲，江南嶧陽縣來。

五聲有十二律，由其中隔一聲。

四清聲始於隋，大抵古人疏，後人密。〔按，「大抵」丁酉本作「大概」。〕

五聲二變，外國亦同，外國半聲即二變。

索拉古勒明即中國之宫商角徵羽，又有佛西二變聲。

外國有三品八級。

吕陽律陰，外國分剛柔、半剛半柔、三剛八柔、二剛七柔。

明魏良傅製崑曲。

歐洲樂太大，非中聲。

宋儒發義理，而不甚言樂，朱子與蔡元定嘗學而未精。〔按，丁酉本無「蔡」字，「嘗」字。〕

經策

六朝、唐用杜易，後用朱子注易。

惠定宇言漢易，（易漢學。）可觀。〔按，「漢易」下丁酉本有「必須讀」三字，「易漢學」上有一「有」字，無「可觀」二字。〕

虞氏易言易例、易禮，講納甲。〔按，丁酉本無「例」上「易」字。〕

易經題小講，以旁卦證之一句，拍頭便妙。〔按，丁酉本無「經」字，「之」字，「妙」作「好」。〕

支卦爲某，下卦爲某。

易林四字句，易緯深奥，最好用。〔按，此條丁酉本無。〕

繫辭發精理。

易通釋亦好。〔按，此句丁酉本作「焦里堂易通釋可用」。〕

天一地二等題隨意附會，將易經之一二等字，串入一段。〔按，「隨意」丁酉本作「隨便」，無「易經」二字。〕

剛健中正等，亦取給於易通釋便得。

經題以滿卷爲好。〔按，此條丁酉本作「經題無限字，滿卷爲止」。〕

弦木爲矢之類，用袁枚天地之大也題文等體便合。〔按，「袁枚」丁酉本作「袁子才」，無「等」字，「合」作「好」。〕

七緯字眼深奥。〔按，「眼」下丁酉本有一「最」字。〕

淮南、呂覽、管子、逸周書，字眼偉麗。〔按，「逸周書」丁酉本作「同書」。〕

書經謨誥體或碑體，如克明俊德等腐題，亦不得腐作。〔按，丁酉本「書經」下有一「用」字，「如」上有一「卽」字，「亦不得腐作」作「不得題作」。〕

三都、兩都、長楊、羽獵、三京、七發、賓戲、典引。〔按，此條丁酉本聯於上條。〕

或半駢半頌，或半考據半賦。

禮記以考據爲主，或用謨誥體，或精於禮學，可駁之。

策學以史通爲合裁。

問僻典，以對爲貴。

策問以旁對爲上乘，對出問外也。〔按，丁酉本無「右首」策問以」三字，而有一「能」字。〕

問時務子書，以議論爲主。

文章源流

古人言語文章無別。

六經皆孔子文章。〔按，「文章」丁酉本作「之文」。〕

易經多工夫。

〔文章始於六經。〕〔按，此條據丁酉本録存。〕

胡稚威謂，人皆死，惟文不死。古來聖賢豪傑皆死，惟有文可以不死。

青與白謂之文，赤與白謂之章。

文有自然之法，有創造之法。

詩，詞章之祖，李斯詞章亦佳。

書，開記事之體。

禹貢，一部河渠書；洪範，一部五行志。誥命開後人起居注；呂刑，一部刑法志。盤庚三告，紀事本末也。〔按，「五行志」丁酉本作「五行傳」。〕

易，開卜體，開後來太玄經、潛虚論一派。

儀禮，開後來記注。

禮記，開後來無限文章。

一曰詞章，一曰記事，一曰義理，一曰奏議。

孟子、董子義理體，司馬相如輩詞章體。

莊子以七篇爲經，以下爲緯；墨子以經上、經下爲經，餘爲傳。〔按，丁酉本無末「經餘爲傳」四字。〕

漢之文章，仲舒爲義理之宗，賈誼爲奏議之宗，司馬相如爲詞賦之宗。〔按，丁酉本無「漢之文章」至「賈誼爲」一段，並誤聯於上條。〕

漢人文章承孔子禮記之餘。

〔武帝以前，子書之餘，武帝以後，經學之餘。〕〔按，此條據丁酉本錄存。〕

議論主武帝以前，義理主武帝以後。

後漢至六朝俱駢文。

昌黎一人獨倡古文，當時未之從也，從之者柳宗元及其徒數人而已。〔按，首句丁酉本作「獨昌黎大倡古文」，「其徒」作「其弟子」。〕

昌黎文範圍有宋一代。〔按，此條丁酉本聯於上條。〕

本朝講侯、汪、魏三家。

龔定庵能追周秦以上之文。

唐以前之文，簡腴厚曲，唐以後之文，長枯薄直。

文以曲爲主，初學以短爲主。

楊子雲、柳子厚善於摹仿，昌黎、相如善於創造。

作文專以漢人入手。

莊、墨之書，皆有方言。〔按，丁酉本此條次序與下兩條互易。〕

文莫、其諸，皆齊、魯間方言。〔按，「其諸」下丁酉本尚有「之乎者也」四字。又，此條次序丁酉本與下條互易。〕

昭明太子選文有特識，其父武帝學佛，所選不及僧道之文，惟王簡棲頭陀寺碑耳。

國朝洪北江工駢文，所學上至建安，下至任、沈。〔按，「國朝」丁酉本作「本朝」，無「工」字。又，自此條下丁酉本分列爲「文章」一節。〕

曹子建文出鄒陽，獄中上書自明。

初學駢文宜讀楊德祖答臨淄侯牋以下數篇，以其短而跳脱也。

任彦昇文稍平弱，故短篇較好讀。〔按，首句丁酉本作「任彦昇之文，弱積平弱」，「故」下有一「其」字。〕

八家多學漢以後之文。

蘇文諧暢。〔按，「諧」原作「皆」，據丁酉本改。〕

八家，南宋李防所定，謂茅鹿門定者非也。

東坡奏議甚好。〔按，「甚好」丁酉本作「最好」。〕

王介甫全集皆，其體格依舊韓文。〔按，「皆」下疑有脱文。〕

介甫文筆甚好，然太拗折，頗難學。〔按，丁酉本「介甫」上有「王」字，下句作「頗難學，以太拗也」。〕

桐城派專宗八家。

宋朝官無捐班。〔按，丁酉本無「官」字。〕

明萬曆間不以科甲爲知縣者，二人而已。

北魏有品官之田，唐時尚有子孫世食之田。牛宏始請立。

漢武帝得意之文皆整齊研練。

文學 並講八股源流〔按，丁酉本無「並講八股源流」一句。〕

學者當以義理心性氣節爲本，故論語謂餘力學文。

書烝烝乂，不格姦，我其試哉，即孝廉之始也。

太史公、班固以六藝爲六經，游於藝者，六經也。〔按，丁酉本「六藝」無「六」字。〕

周官以禮、樂、射、御、書、數爲六藝，凡有所執持，謂之業，即謂之藝矣。〔按，丁酉本無「執」字，「即」下有「可」字。〕

王制以詩、書、禮、樂爲四術，六藝相合，古人尚少書籍也。

牋奏文章所自始，漢時文吏試牋奏，漢武問策，仲舒對策之類，爲以言試之始，然先考其行，而後試之也。〔按，丁酉本「試牋奏」作「試牘牋奏」，「仲舒對」下無「策」字。〕

漢人傳孔學，以經爲主，劉歆之後，以博學爲主。歆校書之後，以祕書爲主，以校録爲能。〔按，丁酉本於下「歆」前亦有一「劉」字。〕

晉時鄧颺、何晏倡以老、莊，老、莊之學所謂玄學也。〔按，丁酉本不重「老、莊」二字。〕

馬、班後有史學。

馬融、蔡邕之後，變駢文矣。

漢人好賦。

梁武帝分經史文玄爲四學，當時大倡佛道。〔按，「大倡」丁酉本作「大明」。〕

魏則建安七子，六朝則江、任、鮑、謝爲詩學，亦入文學。

又有天算之學。

巫醫之術，醫自張仲景，巫自寇謙之、陶宏景倡之，即道家也。〔按，「道家」丁酉本作「道宗」。〕

義理學、經學、史學、掌故學、詞章學。兩漢只有文，皆出孔門。

賦亦詩之一體，詩之後有詞曲，詩以變聲。

班本亦由元曲本來。

漢只有文，六朝只駢體，昌黎始倡古文，宋王荊公始倡舉業。

荊公青苗最害，保甲可行，變詩賦爲八股，亦稍勝，以其言皆孔子之意也。〔按，「孔子之意也」丁酉本作「聖人言也」。〕

初定八股法，全本於唐之詩賦，詩賦已有破承，紀昀之說也。〔按，「八股」下丁酉本無「法」字，「唐」下無「之」字，「詩賦」二字不重，「紀昀」作「曉嵐」。〕

宋文、諸子皆對整長句，論、孟亦多偶句，專攻者非。

百二名家有文天祥、楊誠齋、汪立信、陸象山、陳止齋、蘇穎濱六家文，紀昀疑之，謂不著出於某書。〔按，丁酉本「六家」下無「文」字，「紀昀」作「曉嵐」，「出」下無「於」字。〕

王冲雲經義模範最古，與今時論文相類。自請人自獻於先王，文最古。〔按，丁酉本「今」下無「時」字，「文最古」作「題文古」。〕

元延祐六年定科舉，爲尊朱子之始。〔按，此條丁酉本聯於上條。〕

有破題、接題、冒子。〔按，丁酉本「接」下無「題」字。〕

元有進士，無舉人，與宋同。〔按，丁酉本「元」下有一「朝」字。〕

洪武定四書文，限二百字，並經文作七篇，以後多作五經文廿三篇。

本朝趙甌北以作廿三篇得中，後多效之，乾隆辛未改。順治定五百，乾隆定七百。〔按，「效之」原作「改之」，據丁酉本改。〕

康熙二年停八股七年，以策論取士，後復行。〔按，「停」丁酉本「停」作「廢」，「復」下無「行」字。〕

乾隆時舒赫德奏罷八股，不準。

八股亦不必廢，作者能上下古今，何嘗不佳。〔按，首句丁酉本作「八股必不可廢」，「作者」下無「能」字。〕

明文分四體，如唐詩之分初盛中晚。

明僧亦準考試，姚廣孝有所謂誠其意者無自欺也題文，即爲僧時中舉文也。〔按，丁酉本「明」下有一「朝」字。〕

百二名家以于忠肅爲先，所就三、所去三題文，足見其概。

欽定以王文恪守溪爲先，比之周公、孔子，未免太過，要之亦椎輪耳。

凡以八股名家者，皆以古文經史名家者也。學問增長，自然筆力過人。

朱子十八歲考試，直言抒所見，但恐主司不識耳，然亦早得第。〔按，丁酉本「直言」作「言直」，此條聯於上條。〕

唐荆川甚博，著有文篇武篇等，以才氣勝。〔按，「甚」丁酉本作「最」。〕

歸震川爲桐城派古文一大宗。未有不讀書而能文者。

白沙文極瀟灑，倫文敍亦佳，並見百二名家。

得大文名，非經濟之名臣，則理學之大儒；非經史之名人，則古文之名家。

茅鹿門亦荆川派。〔按，「荆川」上丁酉本有一「唐」字，又此條聯於上條。〕

明會元亦有操卷可得者，有元燈、元鉢、元派，會元皆名士。

陽明文亦有傳者，文亦如其爲人。〔按，丁酉本無「爲」字。〕

王龍溪、楊起元開一派，專說禪悟，猶魏、晉之以老、莊入文，唐以仙佛入文也。

湯二瀛詞章甚工，何況八股。〔按，「湯二瀛」丁酉本作「湯玉茗」。〕

陶石簣以峭刻勝，吳隱之亦然。

萬曆後言機局，後又矯之以筆法，陶石簣輩爲之。〔按，「言」丁酉本作「講」，「又」作「則」。〕

王伯厚爲總裁，識文天祥，明錢謙益識文震孟。

張江陵作生財有大道文，理財其所長也。可知本領人自不同。

嘉靖前實後虛，前方後圓。

明文不數典，專言理，故入門必以天崇。〔按，丁酉本「不」下有一「肯」字。〕

趙高挹鄙夫可與事君也與歟一章，文刻劃盡致。〔按，「趙高」丁酉本作「趙孟」。〕

章、羅、陳、艾，大力爲最沈摯，君娶於吳爲同姓，發同姓之義，並外國學派亦寫出。〔按，「陳」丁酉本誤作「陸」，「大力」上有一「章」字，上「同姓」下有一「文」字，「外」下「國」字圈去。〕

佛以同德爲同姓，釋氏是也。

羅萬藻文極難學，四家深字以此爲最，千子朴實老辣，才不及三子。〔按「千子」原倒作「子千」，據丁酉本改，下同。〕

艾千子敍其考試之苦，搜檢之苦，至今尚受明太祖之害。〔按，「至今」丁酉本作「可知今」。〕

陳際泰作文以萬計，日可作三十篇，寫信亦用八股調，殆如陸劍南之作詩萬首矣。〔按，丁酉本「以萬計」作「萬篇」，「日」下無「可作」二字，無「寫信亦用八股調，殆如」等字。〕

章、羅、陳、艾之文而不中進士，李、杜之詩亦不中進士，可知科第自科第，文章自文章矣。

大士一文家耳，不合與正希並稱，宜稱金、黄便合，黄陶庵也。

文家無不從奥折出，即孟子亦然。如百里奚食牛章，以士之招招虞人及便嬖，不足使令處處皆曲折。〔按，「處處皆曲折」丁酉本作「千分曲折」。〕

文須隨便下筆。

章雲、李開、尤西堂、袁子才一派，怪奇瑋麗，曲折深奥。

王芑孫文訣有三字，先銛仙，又曰清醒緊。〔按，此條丁酉本作「王芑孫標先仙鮮三字爲文訣，又醒警緊」。〕

唐翼修曰：皴瘦透，先生展之曰：折澈撇，又曰：濃雄融。〔按，丁酉本「澈」作「切」。〕

蘇苞九曰：今人文曰竊、曰販、曰庸三毒；一父師教，二主考學院，三選家。近時傅子純選尚可觀，爲其讀書也。若近時余某選，則腐矣。〔按，丁酉本「傅子純」下無「選」字，「若近時」作「如近之」，「余某選」作「俞選」。〕

論文

文有三體：曰義理，曰記事，曰議論。

詩開風騷，風騷開賦頌。〔按，丁酉本不重「風騷」二字。〕

〔漢之義理者董仲舒。〕〔按，此條據丁酉本録存。〕

李斯長於議論，仲舒長於義理。〔按，丁酉本無下句。〕

〔宋後之文枯薄長冗。〕〔按，此條據丁酉本録存。〕

謝金鑾謂，有文理、文氣、文德，三者皆無，文選是也。未知文選矣。

〔梁武帝崇佛，而昭明選不及佛，獨頭陀寺碑耳，足見昭明特識。〕〔按，此條據丁酉本録存。〕

文選宜先讀書，次牋，次賦。〔按，首句丁酉本作「選宜全讀，先書」。〕

文宜學文筆文調，深奥之字不貴也。

諫逐客書爲文章之祖，開首一句便斷，次引本朝掌故，極緊。

文多四六，詩多五七，凡五字六字調用之，字便雅。

論文如蓄水，蓄極而洩，則有勢。

邵陽上書開駢體先聲。獄中上書爲引典之祖。

曹氏父子皆能文，而子建最深，子桓不及植，因筆弱也。〔按，丁酉本「子建」下有一「爲」字。〕

子桓削宗藩，猶今親王不得入軍機。近時恭邸破格矣。〔按，「恭邸」丁酉本作「恭王、醇王」。〕

漢、魏多用重複字，宋後無之。

李斯後則長卿專用蓄法，與子建同。

巴蜀檄，一起鬆秀，用矣字遼遠阻深，重複字眼便濃厚。〔按，「檄」下丁酉本有一「文」字。〕

駢文

兩漢、六朝史，積詞之本。

管、韓言法，内經言醫，孟、荀言儒，莊、列言道。

柳子厚學國語，昌黎學禮記，東坡學國策，三子皆近。〔按，「昌黎學」下丁酉本有「經學」二字，無「三子皆近」一句。〕

宋之李方元、姚燧文甚好，似荆公。

歐學史記，曾學漢書，王學晁錯。〔按，丁酉本此下當有「三蘇學國策」一句。〕

宋新唐書改本得減字換位法。

逸馬殺人於道。

文品、文筆、文境。

沈約始創四聲。

庾結古派之終，徐開諧叶之祖。

潘、陸、顔、謝、任、沈、徐、庾，結盡六朝之文。〔按，丁酉本無「盡」字。〕

唐駢體四傑，宋四六專用諧叶，蘇、歐最盛名。

元、明無人能駢文，張天如始倡之。〔按，「始倡之」丁酉本作「始倡駢文」。又，「張天如」句另爲一條。〕

本朝駢文中興，洪北江專學齊、梁，成一大家，胡、袁學徐、庾。〔按，「胡、袁」丁酉本作「胡稚威、袁子才」。〕

袁子才最横放，汪容甫最高。〔按，「袁子才」丁酉本作「袁文」，「汪容甫」下有一「文」字。〕

唐有三派：四傑一派，燕、許一派，温、李又一派。

宜先讀周、秦諸子，次學漢人。〔按，「宜先讀」丁酉本作「以上學」，「秦」原誤作「漢」，據丁酉本改。又，自此條以下，丁酉本又列「駢文」二目。〕

學文者，宜先學駢文，後學散文。〔按，丁酉本無「宜」字，「後學」作「而後」。〕

詩醇選得甚佳，文醇劣。〔按，「甚佳」丁酉本作「極精」，「劣」作「選得極不佳」。〕

柳子厚、韓昌黎集可以涉獵，不必精讀，但觀其體裁足矣。〔按，丁酉本無「但觀其體裁足矣」一句。〕

學散文者，不外周、秦、唐、宋兩家，宜學周、秦、漢。〔按，「散文」丁酉本作「古文」，「兩家」作「四家」，無「秦、漢」前「周」字。〕

〔讀韓、柳集以觀其體裁可矣。〕〔按，此條據丁酉本録存。〕

從子書出者，龔自珍之外，更無其人。〔按，「龔自珍之外」丁酉本作「除龔定庵外」。〕

文家全在能悟。〔按，丁酉本無「能」字，此下尚有「一悟使無餘事」一句。〕

文品、文德之外，尚有文境。二十四詩品專言文境。

詩文皆要有文境，文境濃奥，亦有文勢。〔按，此條丁酉本作「凡爲詩文，皆言文境，濃奥每有文勢」。〕

善讀書者，隨處皆通，不能薄駢文爲體格之卑。〔按，「體格」丁酉本作「格局」。〕

後漢班、馬、崔、蔡。

三國建安七子。

晉之清談在老、莊，今之清談在程、朱。

晉稱潘、陸，宋稱顏、謝。

〔庾結古派之終，徐開後派之始。〕〔按，此條以下五條均據丁酉本録存。〕

〔上截宋，下去陳，最美莫如齊、梁。〕

〔唐有三派，一爲四傑體，一爲燕、許大手筆，一爲三十六體。〕

〔宋最有盛名，歐、蘇二家。〕

〔元、明無人能駢文者。〕

齊、梁文最宜學。

毛西河由齊、梁而溯漢、魏，爲盛世元音。〔按，末句丁酉本作「開國極有盛音。」〕

汪容甫文極高，但不成家數。〔按，「極高」丁酉本作「作最高」，無「但」字。〕

漢、魏未有人成家數，學者宜學之，次學齊、梁。〔按，此條丁酉本無。〕

宋人四六宜於書啓奏議。〔按，此條丁酉本無。〕

漢、魏高軒，齊、梁濃艷。

賦學

歌者有音節，賦者無音節，詩與賦無二體。

賦之源流見於周禮與毛詩，荀子之賦篇最古，次則離騷。〔按，「次則」丁酉本作「次屈原之」。〕

賦之體本於騷，其名本於荀。〔按，「荀」下丁酉本有一「子」字。〕

古人賦分三體，一曰文賦，高唐、神女是也；二曰問答，東西京都、上林是也，此爲最古；三曰詠物，如荀子諸賦、文選琴賦是也。後來文賦分兩體：一排賦，京殿苑獵之類，一古賦，排賦中之文賦也。〔按，首句丁酉本作「古人之賦有三體」，「問答」作「答問」，下有「之賦」二字，「東西京都」作「西京東京」，「最古」下有「之賦」二字，「詠物」下有一「賦」字，「荀子諸賦」作「荀子之雲賦」，「古」下無「賦」字。〕

唐人皆作律賦，舉秀才作賦，舉孝廉無賦。〔按，「舉秀才」下丁酉本無「作賦」二字。〕

乾隆五年定爲頭場作經，二場作賦。

唐朝之例，人有能賦者，投文於知州，傳入面試，然後送京，舉進士亦全用賦，不拘本籍。〔按，「唐朝」丁酉本作「唐人」，「人有能賦者」作「有能作賦者」，「投文於知州」作「則報文於知府」。〕

王粲、黄滔，唐人最有名。〔按，「唐人最有名」丁酉本作「兩家有粲麟集」，又句首尚有：「律賦之最著名，唐朝之」數字。〕

本朝則吳、顧二家，吳近王粲，顧近黄滔，滔在措詞，粲在運筆。〔按，「滔在」丁酉本作「滔專」。〕

盧肇海潮賦作四十九年始成。〔按，此條丁酉本聯上條。〕

司馬君實作通鑑，十九年始成，其稿兩屋，皆用楷法。〔按，「司馬君實」丁酉本作「司馬公」，「通鑑」作「資治通鑑」，「其稿」下有「多至」二字，無「皆用楷法」四字。〕

本朝館閣賦長不過四百字。

賦彙之述書賦宜讀。〔按，「宜讀」丁酉本作「不可不讀」。〕

唐朝賦體見於文苑英華。

講王介甫百年無事劄子　蘇子瞻代張方平諫用兵書〔按，丁酉本無「講」字。〕

乾隆末年有苗匪，又數年而有教匪，五十年而有金田之亂。

明之盜賊由於萬曆之重稅，本朝由於言路之塞。〔按，「盜」丁酉本作「流」。〕

張太岳集明稅只有二百三十萬，萬曆間四百萬，崇禎八百萬。〔按，丁酉本無「集」字，「萬曆」上有一「至」字。〕

尹會一奉使江南，言民之咨怨，高宗問咨怨者何人，遂發黑龍江給披甲人爲奴。〔按，「咨怨者」丁酉本作「出於」，「何人」下有「着明白回奏」五字。〕

滇、黔之役，武功不終，苗匪遂起。

康熙十二年至乾隆五十六年，百年無事。〔按，此條丁酉本無。〕

宣宗甚儉，當時大臣最貧。

乾隆時督撫藩臬皆用滿人，咸豐後始用漢人宰相當國，自沈經生，李蘭蓀始。

自宋太祖至今，千年無藩鎮之禍，皆宋太祖息兵權之力。

宋太祖非常之才，與光武同。

宋兵最多亦最弱，與今日同，勝之者，以法治天下耳。〔按，「與今日同」丁酉本作「今與之同」，「以」下無「法」字。〕

宋拔補人法最佳，遠勝於今。〔按，「最佳」丁酉本作「甚佳」。〕

元以四十餘萬兵平定亞洲。

綠營兵六十三萬餘，八旗兵三十餘萬，廣東七萬。〔按，丁酉本無「八旗兵」三字，「七萬」下有一「餘」字。〕

自金田之役，兵不可用而用勇。

今與明史兵志同。

索倫馬兵最强，自咸豐八年爲俄人所得，今無矣。

咸豐八年奕山始以索倫與人。一夜圍城，遂以黑龍江以北，齊齊哈爾五千里割與俄人。

同治十二年又割圖們江、穆楞河二千里。

俄人有一百二十四鄂傳即卡倫，環我盛京。

本朝法度，大臣不能專權，雖親郡王亦不能殺一無罪人。

高宗世，殺一品大臣五十二人。

旗祿最爲本朝累，松筠嘗請減旗祿，爲旗人所恨，革其協辦大學士，發伊犂。〔按，「最爲本朝累」丁酉本作「最累本朝」，「減」作「省」，「爲」上有一「後」字。〕

王安石始用僱役，至今賴之，千年功德。保甲亦其遺法。〔按，「千年」上丁酉本有一「二」字，「其」作「荆公」。〕

嘉慶七年，盡收知縣錢糧以歸部，二十年始免。

本朝親王，例不得出京城三十里。

天下實事出於虛言，有是虛言，便有是實事。

明朝之亡，亡於宋儒之論，宋人不主和議故也。〔按，丁酉本「論」下有一「議」字，「和議」下無「故」字。〕

明夏夷仲之子夏元淳，七歲能爲哀南京賦，亦能盡節。

明御史用新進士爲之。

萬曆凡二十八年不臨朝，爲古今中外所無。其昏庸如此，烏能振發？〔按，丁酉本無「爲」字，無「其昏庸」以下一句。〕

有立義之文，有記事之文，史記是立義之文也。

參同契從納甲出。

本朝駢文過前朝，詩遜。〔按，此條丁酉本作「本朝駢文過於明，詩則不及」。〕

宋人醇，明人烈，明之治在學校。

明史紀事本末補出建文出走事，甚好。〔按，丁酉本「事」上有一「之」字，無「甚好」二字。〕

老子必有遺言相傳，不然不能行至今日。

明之人野，不能中庸。

八股源流

天、崇縱橫排奡，可學。

國朝人性和粹，故人少沈摯之氣。

劉子壯雄奇俊偉，熊伯龍理法甚深；劉多讀子，熊多讀史，要之昌揚光大一也。二公皆明舉人。〔按，丁酉本「俊偉」下有一「特」字，「昌揚光大」作「昌明博大」。〕

順、康之間雄渾，雍、乾諸公鴻博輩多文詞，道光間不甚讀書，講筆法。〔按，丁酉本無「法」字，此條聯於上條。〕

近科多古雅，盡復乾、嘉舊派，自丁卯張香帥開風氣也。〔按，「近科」丁酉本作「近士科」。〕

順治趙明遠專用子書，滋味深長，多至數篇，名理之文此爲最。〔按，末句丁酉本作「以此爲最」。〕

唐雄奇，戚深刻，戚短音促節，似項水心。〔按，此條丁酉本聯於上條。〕

天、崇、順、康文最好學。〔按，「文」丁酉本作「間」。〕

處處顏多寶，家家李石臺。

高虎文以名理勝。

王廣心咸豐間學到爛，不必學。〔按，「學到爛」丁酉本作「學之爛矣」。〕

尤西堂至今如新，理題最好，宜學，不僅詞藻。舜有臣五人文最好。〔按，丁酉本無「如」字，「題」字，「宜」字

字。「文最好」作「題文好」。〕

宋人削去詞藻，明人亦但説理，偏矣。

百二名家推重劉思敬，然亦偏論，究不及熊、劉。〔按，丁酉本無「論」字。〕

方望溪以古文爲八股，學歐陽古文。李安溪義佳，爲文不及。〔按，「爲文不及」丁酉本作「而文不及」。〕

方百川齊景公一章，文最足激厲名節。〔按，丁酉本「文」上有一「題」字。〕

韓慕廬得第，上特取硃卷觀之，並取平時所作，蓋爲諸生時已有大名。

法人得安南，亦以味根賞進士。

道光間路德有名，然印板作文，無活動氣。〔按，此條丁酉本僅有「道光間路德」五字。〕

順治吕晚村明諸生與黄梨洲争名江、浙。〔按，「吕晚村」下丁酉本有「八股」二字，「争名江、浙」作「争名浙江者」。〕

章、羅、陳、艾以老諸生操選政，二張亦然，蓋明人尚氣尚名也。

近人之守八股無足怪，如漢人守經耳，利禄之路然也。〔按，「無足怪」丁酉本作「無多怪」，「守經」作「守六經」，「利禄之路然也」作「利禄所在也。」〕

袁子才八股最好，詩劣。〔按，此條丁酉本作「袁子才最好是八股，最劣是詩」。〕

炳靈集摹做袁子才。〔按，「做」丁酉本作「識」，「袁子才」作「袁稿」。〕

龍巒集，乾、嘉間名家也，文濃與今相近。

藴山爲御史，甚有氣節。八股功夫自臻絶頂，空前絶後之才。〔按，丁酉本無「八股」以下一段文字。〕

望溪有筆無調，蘊山則有筆有調，文質並美。〔按，「望溪」上丁酉本有一「方」字，「有筆有調」作「筆調兼有」。〕

今考差者輒袖管稿，爲套調計。

陳厚甫頗有才氣，而笨。〔按，「才氣」丁酉本作「子氣」。〕

八股以陳際泰作最多，一生過萬篇，家書亦用八股。〔按，此條丁酉本無。〕

袁稿

子才因應鴻博不第，寓金巡撫家，勸作八股，因成此稿。〔按，丁酉本無「子才」二字，無「金巡撫」三字。〕

其理題出章大力，其議論出章雲李。

八股作至非八股，便是好八股。

〔今之制度，尊卑太過，明太祖之罪也。〕〔按，此條據丁酉本錄存。〕

今上二打鐘起閱奏摺，三打鐘召見軍機，四打鐘見羣臣，勤政過於前明。〔按，「勤政」前丁酉本有一「其」字，「前明」下有「遠矣」二字。〕

積理積詞，鍊句鍊筆鍊調，八股之道盡矣，然其本自多讀書始。〔按，丁酉本無「多」字。〕

明太祖因奏中有則字，殺至百八十餘人，忍哉忍哉，刻哉刻哉！〔按，末句丁酉本作「刻哉忍哉」。〕

袁稿開講全可讀。〔按，「全可讀」丁酉本作「可全讀」。〕

好仁者無以尚之，開講運子書甚深。

忠恕而已矣，提比末對精。

「老者安之」三句，開講精絶，理造極，筆造極，以後亦精極。讀杜詩至奉天懷古，輒爲慷慨，爲其説到深際，此文亦然。〔按，丁酉本無「精極」之「極」字，「杜詩」下無「至」字。〕

居敬而行簡全篇好，開講筆法最好，多用雙筆，且長末對，醞釀尤好。〔按，末句丁酉本作「醞釀用雙筆佳」。〕

漢文欲少，故無苛政，漢武欲多，故反是。

夫仁者，己欲立而立人，開講盤折精理，楞迦妙諦，又用雙筆，絶唱。〔按，「精理」丁酉本作「説理精警」。〕

君子篤於親，小講萬物二句獨佳。〔按，「句」丁酉本作「字」。〕

國朝高宗時，一品大臣無不曾下獄者。〔按，「大臣」丁酉本作「官」。〕

民可使由之，起講有精理。〔按，「起講」下丁酉本有「警用雙筆」四字。〕

蕩蕩乎文，好學物必相等而後相知，理極精，以後精理妙詞。〔按，丁酉本首句無「文」字，「物」字，末句「精理妙詞」作「精意妙詞」。〕

鄭漁仲以堯、舜爲謚，觀咨汝舜，便知非是。〔按，「咨汝舜」下丁酉本有「來禹」二字，無「知」字。〕

巍巍乎，起對之字，調奇，無一庸語。〔按，此條丁酉本無。〕

才難，小講稍散，以下好。

袁子才絶世聰明，昂頭天外，然嘗云，龍門再入便低頭，可知科第自科第，文章自文章矣。〔按，此條

丁酉本無。〕

三代之盛，胡、越不受正朔。〔按，「不受」丁酉本作「不及」。又，自此條下丁酉本及丙申本均單作一節，而無標題，丁酉本在「袁稿」後，丙申本錯裝在「孝悌、任卹」節下，然查原抄本頁碼，亦在「袁稿」節後，故列於此。〕

軍旅之後必有凶年，言民各以其愁苦之氣，薄陰陽之和，感天地之精，而災氣生也。〔按，末句丁酉本作「而戾氣爲之生也」。〕

徐樂傳，非有孔、曾、墨子之賢。

終軍傳，臣聞詩頌君德，樂舞君功，異經而同旨。

又，燔瘞於郊宮，説者以爲南北郊之證，不知郊自屬燔，宮自屬瘞，不能混也。即爲一事，亦漢初秦時后土之雜制耳，於孔制何與焉？〔按，「燔瘞」之「瘞」原作「柴」，據丁酉本改。「南北」下丁酉本無「郊」字，「郊自屬」下無「燔宮自屬」四字，「一事」下有一「然」字，「秦時」作「秦時」。〕

賈捐之傳，莫親父母，莫樂夫婦，至嫁妻賣子，法不能禁，義不能止，此社稷之憂也。〔按，「親」原作「情」，據丁酉本改。又「親」下「樂」下丁酉本均有一「於」字。〕

駱越之人，父子同川而浴，相習以鼻飲，與禽獸無異。

霧露氣濕，多毒草蟲蛇，水土之害。

秦、漢以來，山東出相，山西出將。

漢時，發骸之風甚盛。

武帝征伐四夷，重賦於民，民産子三歲則出口錢，故民重困，至於生子輒殺。

貢禹傳引論語稱傳曰。

貧民雖賜之田，猶賤賣以賈。

諸官奴婢十萬餘人。

龔勝傳，竊見國家徵醫巫常爲駕，徵賢者宜駕。

鮑宣傳，天下乃皇天之天下也。

魏相傳稱五帝有少昊。〔按，丁酉本此下尚有「此偶說也」四字。〕

孔子之禮，莫重於喪，故喪服一篇獨有經傳。漢書言，夏侯勝善說禮服，然則喪服在漢時已有裁篇別出，不始於六朝矣。

翼奉傳，孔子因天道作六經。〔按，丁酉本於「傳」下有一「言」字。〕

漢儒經術約有二派：一微言大義之學，一章句之學。夏侯勝傳言，勝從子建師事勝及歐陽高，左右采獲，又從五經諸儒問，與尚書相出入者，牽引以次章句，具文飾說。勝非之曰，章句小儒，破碎大道。李尋傳言，治尚書，與張孺、鄭寬中同師，寬中等守師法教授，尋獨好洪範災異。蓋是時二派已分道揚鑣矣。

李尋傳言五經、六緯。

劉歆最惡微言之學，故於董眭、夏侯、京、翼、李皆有貶詞。其於李尋傳言，尋受甘忠可之邪術，疑有意誣蔑，不足信據也。〔按，丁酉本此下尚有「春秋繁露」兩節，「墨子」、「列子」各一節，均已按丙申本移前。丁酉本第三册至此終。〕

格物〔按，自此節以下至全書終，均爲丁酉本所無。〕

學、庸無分經傳，朱子誤耳。

宋儒言大學最有功，言中庸繫辭已入佛理。

李延平教人體認喜怒哀樂未發謂之中，中字未免説得太高。

朱學至陽明始生别解，聚訟百年。

朱子謂物即事，未當。事與理别，如何混爲一？此以意見改古本。若然，聖人何不直云窮理，而多費轉折乎！

見之孟、荀、管諸書，皆以心物對舉，可知物指外物。

孔武仲、司馬温公皆作扞格外物解，見樂記，最的。

陽明又作正解，與扞格頗近。甘泉謂：格，量也。此又如無星尺矣，如何量得？

戴東原引説文謂，格，長木也，更謬。

王引之以爲枝格相交也，亦未善。

朱子泥於致知之故，因誤解格物。

獅子游行，全無侶伴，是認真自立。

以天地萬物依於身，不以身依天地萬物，王心齋語也，此自立之意。

荀言矯揉，董言勉强，極是。孟言擴充，未安。

雷在天上，大壯。君子以非禮弗履，可知稍弱便不得。

金山僧打坐，一人高坐執仗，稍倦者則以杖擊之，可知彼教極嚴肅。

先存，然後説得養。

佛以四大爲四蛇，六根爲六賊。

遺教經視欲如大火怨賊，毒蛇猛虎。

各教皆以格物爲主，獨楊、朱異耳。

中行説，教匈奴勿受中國子女玉帛金繒，第一善法絶慾故也。

外夷嗜茶，食大黄，中國每以罷市挾之。蓋有欲則受制於人也。

淨顆顆没可把，如水中蘭纑方好。

勵節

節如竹之有節，止其所而不遷也。今則節字大壞，如飲狂泉矣。

節有廉節，有氣節。

孔子之道，後漢爲盛，全賴名節固之，列不事王莽表，以百計。

漢桓寬敢與御史大夫桑弘羊抗議，知當時士氣之昌。

後漢徵辟不就者甚多，惟其輕視富貴故。

顧亭林謂，昔人患爲人師，今人患爲人弟。

孔言「行己有耻」，孟言「人不可以無耻」，耻字甚緊要。

史讀後漢、明史爲先，可以洗滌田地。

程子譏後漢氣節粗，又謂儒行非孔子書，非也。孔子之道，千門萬户，任人性之所近。後漢人物，可以分注儒行。

七十子説行學、粗學爲多，後漢亦講行學，讓産讓爵甚多。

自漢二千年來，全是狂狷人始有成就，人當從狂狷起腳，中行歇腳。

曾子最好是「士不可以不宏毅」一章，次則言「大節」數句，「彼以其富」數句亦懍懍。程子譏其粗，非是。

易曰：「志在隨人所執，下也。」

朱子謂，曾子、子思、孟子皆强毅有立之人，故能任道。

王昌齡以鬱輪袍一曲干公主，進身已壞，無怪汚於禄山也。

李德裕，唐之名臣，後至泣涕以謝牛僧孺。

國朝和珅欲與湯金釗狀元，湯知之即出京。後四年而和珅敗，時狀元沈氏旋亦死，而湯後以榜眼及第，仕至協辦，爲國名臣。是有命焉，何必失節强求哉！

元遺之太學碑，謝安九錫文，最關氣節。

安惇草詔貶司馬光，草畢擲筆嘆曰：安惇名節掃地矣。

讀史，受人唾罵者，皆當時富貴之人也，當設身處之。

宋之風氣，由范希文激勵。

退之文章甚淺，氣節甚高。

東坡、山谷氣節非常，雖不遇時，而觀其詩歌何等從容。

徐廣入見新帝，流涕滿面。

興朝自有璽綬，何用亡國之璽爲！是謝朏語。

墨子知用而不知文，莊子知天而不知人。

荀子解蔽甚好。今爲蔽，本朝風氣是也；古爲蔽，不知時務；博爲蔽，楊升庵之流；淺爲蔽，詞章家之流；故爲蔽，諸漢學家多是。

辨惑　據德

惑與嗜欲不同，惑近理者。

顧亭林教人出遊四方，交天下豪傑，足以解一鄉一家之蔽。

惑於學術之一端固惑，隨入佛理，不求實學，亦惑。空腹高談最弊。

疏觀萬物而得其宜，宰理天下而萬物理。

虛一而靜謂之大清明也，荀子語也。

好詞章者如醉酒，其人必無識。

子思之學，内外兼舉，較七十子學加一等，此孔子晚年學問。

道不可離拍入慎獨，末亦歸宿慎獨。中庸窮誠之極，至諸經發誠字，無如中庸。

仁者，宗旨也；誠者，其行者也。

觀人以心術爲先，學術次之，人品又次之。

本朝李安溪是能以老子之學行孔子之道者。

學術與心術相關者，老子之學最壞。

六經言德，皆返之於内，中庸言二十德。

孔子稱顏氏好學，曰不貳過，乃知非徒讀書，貴能行也。

剛健中正、純粹精、忠信，所以進德，是明指出德字。八卦取義，皆在德講。

據德，據字有服膺之義。

夔教胄子亦合德。後世養才，古人養德。

坤之德，直方大。

主静出倪　養心不動

書言三德、六德、九德。

後人多養才，而聖人多養德。

中庸言二十德，聰明睿知數句最精。

從直從心爲德，昌黎謂心得爲德。

易稱剛健中正，純粹精，德也。

八卦取義，皆在德講。

坤之直方大，美德也。

據於德，據字落得精。

夔教胄子亦專以德。

欲據德，必自敬始，易稱乾乾，書稱欽哉。

静者，直探本原；敬者，工夫，實則一也。

大學知止，易思不出其位。止其所而不遷，静學也，不以劇，不以夢，則静極矣。

明江西一派言靜學。

羅整庵在金鰲洞五年，白沙在陽春臺三年，皆做靜字功夫。

陽明在龍場與老僧對坐，又卧石棺三年。

易乾、坤二卦從本體下手，則「直方大」、「不習無不利」二句；從工夫下手，則「終日乾乾」二句。

羅整庵言靜，大海長定。

莊子「虛室生白」二句，寫靜字極到。我所謂念，即佛所謂魔也。

養心如枯木死灰，又使槁木如萌芽，所謂主靜養出端倪也。

象山爲荆門州，有到城門告狀者，而象山先知。所謂至誠之道，可以前知，惟靜故也。

言心學者，必能任事，陽明輩是也。大儒能用兵者，一人而已。

認真鞭朴，使無一毫滲漏。

確乎不拔，獨立不懼，遯世無悶，不動也。孟子亦有此學。

孔融守青海，賊圍城，而在樓上讀書。費禕將兵來斂，留與棋而知其勝敵。謝安之見桓温，及圍棋事，皆不動心之學。宋明帝賜王曇首死，適與客棋，終局然後就死。澶淵之役，萊公呼盧飲酒，如此方能任事。陽明卧石棺，金正希臨深崖，足二分垂在外，椒山臨刑尚能作千餘字家書，詳細曲折，此心學也。

朱子言，讀通鑑至事關吃緊者，未嘗不驚動毛髮。讀書尚爾，況處事耶？

仙之嬰兒，佛之舍利，即端倪也。其下手功夫皆在習静。返觀内照，一念不起，虛極静極，不睹不聞，久而久之，忽而元神一動，便是端倪。至若仙家，則有煉精化氣，煉氣化神，煉神還虛之法。要不外養，定此超超靈靈之魂也。

變化氣質　檢攝威儀

人莫不有雜質，如大黄性涼而有補質，物尚爾，況人乎！

既落氣質之中，即不能純。

書之言「剛克柔克」，及「剛而無虐」數句，皆言變化氣質。

學者如毛皮，成者如麟角。

「可者與之」二句，爲學之始；「尊賢容衆」二句，爲學成之終。

書言「九德」，「直而温」數句，亦言變化氣質。

荀子言變化氣質至多。

顏子不遷怒，不貳過，亦善能變化氣質。

「好仁不好學」數句，亦教人變化氣質。

程子謂，學至變化氣質，方爲有功。

朱子近荀。朱子謂，學如吕伯恭，方能變化氣質。

孟子不甚講禮，不甚講變化氣質，專説擴充。言心學，細針密縷，工夫尚少，與陸近。故陸弟子，今日聞道，明日便飲酒罵人，不講變化氣質之故。惟孔子則以中和耳。

物相雜謂之文，物相和謂之和。

宋儒日攻荀子，而言變化氣質，已不能出荀子外。

易黄中通理之類，取中和也。

吕伯恭少時善怒，飲食不如意輒掃拾，後讀「躬自厚」一章，竦然改悔，卒爲大儒。

無私之上，更有變化氣質在。

荆公之偏，人皆知之，而朱子、海忠介亦不能無偏，貧賤富貴相訟，必袒護貧賤者。

荆公訪東坡，東坡言：近作一首論。荆公問：論云何？東坡知荆公亦嘗作此題，因依其作意而改易其詞誦之，荆公非之。東坡曰：近聞相公論亦如此。荆公曰：不爾。因隨口改易前意。其是己非人如此。

徐天池判盜魚事，或告某盜魚，天池曰：果爾，則剖其腹驗有魚否，若無之，則汝當坐誣告罪。此失之剛而偏矣。

變化氣質之後，又須調和血氣。

范文正與韓魏公論事力争，文正拂衣去。韓留之曰：此公事耳。文正意解。

古人以樂教人，所以導和。樂德、樂言、樂語，樂之精如此。

今之崑曲頗得古人中聲，餘則嘽緩怒厲淫曼矣。

劉元城九年學不妄語，謝上蔡三十年治一矜字，薛河東二十年治一怒字。

孝經謂，有威可畏，有儀可象；詩朋友攸攝，攝以威儀，又言，威儀定節。

曾子臨死教人，亦容貌詞氣數端。

天道圓，無規式，人道方，有規式，必須中式方好。

玉藻、内則、曲禮皆言威儀，見之左傳最多。執玉高卑，歌詩不類，當食而嘆，以禮律之，皆足以知吉凶。

容經見於賈子，著以爲經，甚尊之。

鄉黨一篇全説容貌，不剛不柔，可想見當日威儀。

孟子「動容周旋中禮者」二句，頗言禮，餘絶少。

晉風流誕放不禮，此所以亡也。晉時放誕，尚有清談，今則清談並無矣，此言語之不檢也。

東坡之與劉貢，因呼名而成仇黨。

康熙前皆白沙餘風，道光後皆馮潛齋餘風。

師道立則善人多，不主則善人少，不善者多矣。

大學修身章，何讜解以爲變化氣質，誠是。朱子解尚未透。此佛之楞迦也。

若僅能檢攝威儀，而無内學，亦不得。如季桓、魯昭豈不好威儀！

孝弟　任卹　宣教　同體饑溺

仁者，人也。表記、孟子、中庸同解。

論語四十二章言仁，仁之體至多。

仁者，二人相偶也。蓋自家一人，仁心無從出也。

董子言，仁以安人，義以正我。

孟言，道二，仁與不仁而已。仁則榮，不仁則辱，十分直捷。

孟子論理以仁爲主，倫則以父子爲主，施天下則以同饑溺爲主，故發井田之制特詳。

孟言仁，專指擴充說。

仁，忍也；又不忍也，皆從字音生。

仁字已該孔子學問。

聖人以仁爲主，佛亦然。能仁，佛號也。

仁爲盡境，故義立焉。義是仁之界限也。知者，知仁也。禮者，親親之殺之類，皆可統以仁。

董子必仁且智篇，說仁字甚好。

博愛之謂仁，退之本於韓非子。要之，韓非亦必有所本也。

愛物者，非戒殺放生，但有等差，有節制耳。

依於仁者，如人之有衣，不可須臾離也。

心之德，即愛之理，朱子解仁字重了，只言愛之理便是。

「力行近乎仁」，「仁能守之」二處，不能以愛之理解之，義不相涉，不必以此爲難。

孟所以斥墨氏者，爲其二本也。

報恩之義正出孔子。詩「欲報之德，昊天罔極」。太上貴德，其次務施報，但父母恩大，故罕言報。

漢向栩跪河北誦孝經，欲以感賊。

六朝人居喪尚有可觀，阮瞻弟不能居喪，瞻因此貶官。

到溉一門數灶，因被劾。

古人有不孝不弟，不任不卹之形。

天下安得皆孔子爲父，顏回爲兄者？是在人善處之耳。孟子特舉舜、象事以爲法。在舜斷無此愚蠢事，而不能不託此以爲後世訓也。

凡人視財太重，在家斷不能爲孝子悌弟，在國斷不能爲循吏忠臣良友，尺布斗粟，瑣瑣較量，遑論其大者乎！

張公藝書百忍字，以爲處家良法。周顗、牛宏之能容，其弟亦甚善。兄弟與父子不同，只可以恩，不能以威，故孔子發怡怡之義，孟子所謂親愛之而已矣，故爲人倫之至。

竇儀事嫂如母，退朝朝服見之。李勣爲姊煎藥，至燃鬚，不媿親親矣。

呂東萊謂，天下無不是底父母，世間最難得者兄弟，二語最的。

周禮有任卹，任卹本管子。

六朝有棄孤子不卹者，見鄙於清議。

任就朋友說。

韓昌黎、柳子厚，墓志銘發揮極透。

范式、張劭，王貢彈冠，朱、蕭結綬，朋友之義極至。觀人必於患難之際，緩急之時。既非良友，必非忠臣可知。

陶文毅託其家於左文襄，文襄爲代理之，不復會試。以十三萬，爲之積產至一百三十餘萬，而已一貧如故，只每年支教其子修金三百而已。故爲良友，卽爲名臣。

范純仁之贈麥舟，文正是之。

蘇州學宮，尚是文正宅主。

宋刺史卽今巡撫。

宋以范文正爲第一人，開一代風俗，及近時義田義莊風氣。

外國必擇有仁質者，然後爲醫。

必懲忿窒慾，而後重任可當。

明袁了凡繼朱子之統，今善堂善書，皆其始開教惠之義也。

范文正嘗謂相者曰：予可爲相乎？曰：何言之大也。又問：可爲醫乎？曰：何言之小也。可知文正專在救人。

佛言：苟有衆生不普渡者，誓不成佛。

伊尹之可貴者，以其任也，爲其覺後知後覺也。故曾子亦貴仁以爲己任。

父母之上尚有高曾，然重父母甚於高曾者，恩爲主也在也。

孔、孟及佛、墨、宋牼，皆以救人爲主，故能不朽，耶氏亦然。

僅能束身寡過，無害於人，則深山之木石耳。

漢晉六朝唐宋學派

孔、墨弟子皆以其道教授，見天下，見呂氏春秋。

南洋諸島無學校，選舉士司亦如之。

三雍自歆、莽始，光武大行之。

荀卿先秦焚書三十年。

程子謂儒行後人僞撰，非也。儒行所言，頗似後漢諸賢。

創古學者歆也，成之者康成也，因時勢而變亂天下，用跅弛之士，舍棄經學者曹操也。操嘗云：不孝不弟，我能用之。

宋衷、虞翻、唐李及，皆古學。

魏王朗子肅，僞撰禹謨、舜典、湯誥、伊訓、太甲、説命、微子之命、君牙、君陳等廿五篇。又，家語、小爾雅皆其所僞，欲奪康成之席。

永嘉之亂，書則歐陽、大小夏侯皆亡，易則施、孟、梁邱、費皆亡。

今所讀易，歆本也，卽費氏易也。

謂周公作象辭者，馬融也，夫有所受之也。

永嘉之亂，公、穀二家有書有傳。

范甯絶不通穀梁。

注疏惟公羊何注，儀禮鄭注可讀。

晉太康九年，古文盡立官學，而今文皆亡，此古今一大關鍵。

南朝自崔靈恩、皇侃傳至孔穎達而止，北朝李業卿、劉安生、樂遜、劉炫、劉焯傳至陸德明而止。

六朝人最通者能講三禮，故時多孝，喪居多可觀者。杜佑通典最多六朝禮。

劉焯謂能通十一經。

北朝重鄭學，南朝重王學。

漢明帝時孔學盛行，而已使人求佛天竺。

北魏文帝時，人五百萬，而僧至百六十萬；梁武帝時，僧亦只十餘萬。

梁武在鷄鳴山立四學，聽者二萬餘人。

佛學至六朝時，人稍嫌其淡，而詞章起，人皆好山水之游。

謝安石、王逸少皆奉五斗米道，可知南朝道教極盛。

姚察、徐邈等皆梁武所植之人才，陳則直無人才。

唐經學傳至今者僅四部書：李鼎祚周易集解，史徵周易口訣，陸淳春秋纂例，至昌黎論語筆解，則僞書也。經學之微極矣。

蘇倬相周文帝，與諸葛亮、王猛、王朴等同一知遇，亦奇才也。官制依周官，文章依大誥。

文中子開宋學之先聲。宋阮逸僞。

劉知幾疑五經書不傳。

韓昌黎起，變詞章氣習爲古文。

昌黎原性，李翺復性，皆佛法明心之説也。

日本僧天臺派也，中國僧六祖派也。

唐無不事佛者，裴晉公、□□□（原缺）等皆然，至昌黎闢之，爲原道，始作古文。

一經學由文學，開穆參軍修、柳仲塗開。

宋經學開放歐陽公，義理開於范高平，平用安定爲教授。又，張横渠曾親受禮經於高平。

董子之後，未有精於太極圖説者。〔按，「董子」疑當作「周子」。〕

朱子注參同契，改名鄒殷，實無所得也。

勉齋以真實心地，刻苦工夫教人。

宋元學派

六朝佛學大盛，北朝僧六十餘萬，南朝僧二百餘萬。

老、莊與佛，山水詞章，皆六朝風氣。

宋學皆昌黎倡其先，一曰經學派，一曰義理派。經學由古文開之，古文有二派：曰柳開，曰穆修。

穆傳古文於尹洙，洙傳歐陽公，轉手而求之心性。

歐陽始學駢文，後學古文。

安石以三經新義取士，廢儀禮、春秋。

學案以安定、泰山居首，未爲公論，當以歐、范爲首，又當以范爲先。泰山乞錢於范文正，文正贈錢勵學；安定亦由范文正召爲教授。

周子之授業程子，不可據。

太極圖不可謂僞，此圖全出參同契，老氏之學乃孔子一體，不得謂孔子無之。

橫渠從中庸發出正蒙。

周子從繫辭、中庸發出太極圖說。

周子天分高，與明道近似顏子，伊川近曾子。

周、程皆創解之學。

程子一出，天下皆洛學。

程子高弟游、楊、呂、謝，同時關中學則橫渠。其心思過於程子，而後學不及程門者，以禮學教人太拘束，其深通天人，第自得於己而不以教弟子，故學不大焉。

當時有邵子，亦在洛中，受學於李之才，折節事之，執役六年，傳以象數之學，三年乃傳以物理之學，再三年始傳以天人之學。邵與程深交，而終身未嘗與言數學。

程子謂，邵子數學用加倍法，先後天本九宮，出易緯，原出卦氣。

橫渠之學折入於程子，邵學中絕，故惟程學一統。

涑水之後，諸儒皆折入程學。

程子一傳楊龜山，再羅仲素，三李延平，四傳而得朱子，學極光大。

永嘉之學專言經濟，南宋呂東萊開之，其一派乃朱學，亦屬程門。

吳中、福建皆言佛學外，有漢上朱震言易學，以上南北宋之間，學盡是焉。

南宋之學，朱子集大成。

朱子四十餘歲始讀佛書。

呂東萊、張橫渠、程子不讀佛書。

朱門第一傳弟子王勉齋榦爲朱子作行狀，精絶。

朱子生時，書行於金，身後理宗將其書頒行。元延祐六年，乃立學宫。

與朱子同時者，有南軒張氏之學。南軒氣質純粹，而讀書不多。

吕東萊學甚粗，然極博，爲中原文獻之傳，經史掌故皆能通，然非孔子之學。

葉水心聰明，而議論過高，其弟子祇能文章，不及朱子後學遠矣。陳同甫甚有氣，而遜於葉水心。

同時陸子静之學，原從大程子得來，直指本心，確得於佛學，亦有補於朱學。語録甚可觀，文字有些武斷。其與學者初見，專言立志。

永嘉之學皆折歸朱子，惟陸卓然自立一幟。

元延祐六年立科舉，皆許魯齋之力，可爲朱子功臣

朱門後學真西山、魏了翁二人稱首。

王伯厚學精博，而得朱子之學少。

東發黄氏學精微，而不能出朱子範圍。

總而言之，北宋之學，發端自廬陵、高平，集成於程子。南宋之學，朱子爲宗，象山與之角立。當時荆公、東坡別一學派。東坡聰明高絶，與朱子抗衡，經史詞章佛學皆通之。

朱子謂東坡少習蘇、張之脣舌，未免太過，謂其拾老、莊之糟粕，誠是也。

朱學爲士人説法，陸學人人皆可，王學亦然。

陽明之言心學，過於大程。

宋人言性命，實只發揮心性，命未有也。而迂拘太過，敝車羸馬，已近墨學，故學不傳久焉。

物必有極，云無極則非矣。

極不得訓爲中字，陸子之解極爲中，非也。極上不能加無字，朱子之言無極，非也。

無物不是陰陽，謂動而生陽，靜而生陰，非也。

無極已入老學。

老氏之學專在元神，主魄；佛氏專鍊魂。

「主靜立人極」句，周子最得力，諸賢亦最得力，老氏亦然。

范文正以通經學古爲高，以行道救時爲賢。

東萊學博而粗，南軒理精而陋。陸與朱相反，惟朱子，然後集大成。

爾雅，劉歆所點竄。

宋士夫晚節皆依佛。

太宗、真宗之世，名臣輩出，儒學未盛。

理學自胡、孫始。

氣節開自范文正，經學開自歐陽修，修見尹洙，始學散文。

橫渠居喪衰服，人亦笑之，士貴自立耳。

安定博大，泰山精聳。

石徂來爲泰山高弟。

大程出仕，小程十八上書，不用，歸而教授。

程子十八歲作顔子所好何學論，安定卽拔爲學長。

朱子明德復初之説未當。

周子頗得老學，程子頗得佛學。

朱子性卽理也，未當。宋儒附會孟子，故云然。

儒教不離敬、靜二字，異教多言靜。

謝上蔡爲程門第一。

朱學可包陸在内。

上蔡以覺言仁，甚是。

三吕皆出大程子。

橫渠，程子表叔。

正蒙甚好。

橫渠不甚與弟子言學言理，故其學不傳。

朱學多得之小程子。

朱、陸、呂、張四大儒，張、呂與朱近，陸則分路揚鑣。

曾子甚能窮理，朱子似之；陸子頗有孟子之學。朱正陸偏。

宋之政教制度，與今略同。

理宗以四書立學。

漢以後，六經之治；宋、元以來，四書之治。

宋已有四書題，元、明從之。

朱子獨無禮注，於春秋亦不解。

元、明皆作七篇，四書文三篇，經四篇，遵朱注，違者黜。

孔子以後，所謂博大精深者，朱子近之。

朱子謂物卽事也，未當。

大學經傳之說，陽明攻之。

司馬公言格物爲扞格外物，是之。

董淮、鄭清以爲格物不必補傳。陽明曾七日格一竹不得了，遂攻朱子格物之說。

朱子以意爲心之所發，劉蕺山謂爲心之主，極是。

修身章言變化氣質。

宋儒尊大學、孟子而攻荀，謬矣。

勉齋候朱子三日乃得見，後以女妻之，卒傳其道。

勉齋通數學、律學、算學。

真西山真拔出朱子外，可謂高明。

朱子之後，光大者少。因朱子廣大精深，籠罩一切，讀朱子之書尚不了也。

魏鶴山稍有所采。

真西山晚節不終，附鄭清之引進，當時譁然。

元城皆朱學，猶漢武後皆孔學也。〔按：「城」字有誤。〕

劉殷不仕元朝，與吳澄、許衡爲元朝三大儒，皆篤修自守，進而上之，殆似曾子之學。

元儒學知名者，皆浙、閩人多。

元大儒皆出金仁山、許魯齋之門。

東萊學極博，一時博學鴻詞之士皆出其門，而內學太少，故其道不能立，併歸朱門。

唐雪齋友仲亦頗有經世之學，朱子參之，爲陳同甫所誤也，此朱子褊狹之過。

南軒似朱，而窮理博學不如之。

文天祥、謝枋得些陸學之餘。

學極相反者始能立，相似者必爲人所併。

朱子極贊周禮，亦爲歆誤。

僞學之禁，比於黨錮，弟子送朱子喪者以夜，其避禍如此。

可笑千秋兩陳賈，既攻孟子又攻朱。宋亦有陳賈攻朱子也。

象山高弟楊慈湖謂，心之精神是謂聖人，與陽明講心學相近。

道命録所載攻朱子，不值一錢，百世下始有論定。

明國朝學派

白沙、陽明未出，皆朱子之學，二子既出後，始講陸學，自正德年間中分也。

宋濂爲義理文章大宗，方孝孺爲其高弟，朱學正宗也。

朱學有文信國、方正學，更見朱學之光。

薛河東守朱學。

本朝守朱學者陸稼書、張伯衡，而陸太褊狹。

薛河東爲御史，不能諫。或譏之，惟檢點言行有餘，于忠肅事亦坐視不救。其弊歸鄉愿一流，亦是曾子餘派。

蔡虚白主静，與濂溪爲近。

張封山、李時勉有盛名。

不吃虧，不足以爲君子。

莊定山亦主静，與白沙近。

羅一峰氣節光顯。

陝西三儒之學，得關學之宗。

瓊山學問有餘而褊心未化，如攻莊定山、陳白沙之類。

明王廷相理氣精絶，此人不甚顯，實出程、周之外。

黄文裕能言禮，篤守朱學，當時大儒。廣東禮學多出泰泉，時與白沙分派。

明儒學案推本吴康齋。宋儒學案雜，明學案好，義理則不然。

吴康齋布衣高行，大儒多出其門，白沙從之學，但令耕田，無所得而歸。廿六歲從康齋。

顔習齋耕田爲事。

孔子履傳至晉太康二年，武庫火始焚。

白沙爲廣東第一人，主静無慾。廣東學術之正，人才之盛，皆出白沙。梁文康、霍文敏、湛甘泉皆其高弟。

甘泉另出學派，當時稱王湛，與陽明比。甘泉有格物通。

甘泉所至，立白沙祠，至九十餘所。

東漢言經學，南宋言道學，晚明言心學，然皆有氣節焉。

佛鍊魂，老主魄。魄卽今西人所言小腦也。

順則生人生物，逆則成仙成佛。

動者天也，靜者人也。

洪武二年，以朱子所注經立學官，惟春秋一書，朱子謂煞有不可解處，故未注，用胡傳，又用張陝春秋傳。

朱子謂，看前人書多有罅漏，可謂非常聰明。

明儒學案主張王學，推崇康齋，列方正學於諸儒，殊未允。正學立身行道，千古無比，但仁勇多而智少耳。

建文之失，非諸儒之罪，建文仁柔之過也。

元朝風氣未壞，許平仲爲之也，卽朱學爲之也。

廣東嘉慶廿五年始知說文。〔按，後有一條曰「嘉慶七年」。〕

白沙之學，只在嶺表，而自明於天下，生平未嘗攻朱學。

學派最盛，莫如康齋。

篤守朱學，莫如薛敬軒、胡居仁，專講持敬，皆曾子之學也。

敬軒不救忠肅，不劾王振，徒知檢點言行，亦太無氣矣，何足貴焉！

胡叔心較有氣魄，布衣耳，而毅然任道，强哉！

曹月川爲教官，見之施行，比薛、胡較勝。月川之在明，猶湯文正之在國朝也

呂涇野頗言禮學，其在關中有橫渠遺風，兼講經世，故弟子多爲有用，如馬理、韓邦奇等。

康齋艱苦，而所得甚淺。戒慎恐懼有似曾子，艱苦處亦如曾子之三旬九合。

論語皆曾子門人所傳。朱子聰明出曾子外，而學問不能出曾子外，則論語限之也。

子張與曾子相反，問明、問行、問十世、問仁，能見其大。

尹直瑣贅録專攻康齋及白沙。小人挾恨，不足爲大儒累也。

康齋弟子婁一齋、魏莊渠、陳白沙氣象甚光大，似非得於康齋者。

羅念庵在金鰲洞静坐三年，白沙在陽春臺静坐三年，王陽明在龍場驛眠石棺三年，古人皆切下苦功。

白沙氣魄不甚足，經理天下之條理尚少，至自得之學，不易及也，似列子一派。

白沙於禮學甚講求，比王學後來放縱者大異矣。於詩字皆用工，詩學杜甫。

白沙詩：少年有奇氣，萬丈摩青蒼。學者當有此氣概。

明之講章學問，與漢人章句頗類。

甘泉格物通，與陽明通。格，量也。

甘泉弟子，如許孚遠，氣節光大。

白沙之後，廣東多言心學。

胡金竹亦言心學，白沙一派。

嘉靖以前尊朱學，而白沙發明心學。

陽明一生，學凡三變。

陽明因格物不可通，遂攻朱子，而以致良知爲主。非之者以爲近六祖，然知行合一最爲緊要。但不講求粗學，不講禮法，此其疏耳。

華嚴經與四書、六經比較，無不相同，但人倫不同耳。

王學分江西、浙江二派。

湘江歸寂之學。

念庵講修攝保任之學，其語録最好孔子，正傳曾子戒慎之學。王門以念庵爲最。

李見羅發止修之學。

論理則養心自是上著，然其弊每至於恣。

周子主静，立人極，程、朱主敬，自見兩派。

王學養魂，修攝保任養魄。

浙中之學多恣肆，王龍溪其魁也。

近溪論學最精深，由菩薩乘入佛乘。

楊復所，近溪弟子，最誠篤。

王心齋一派只以天地萬物依於身，不以身依於天地萬物，與陽明再辨論，始爲弟子。

心齋多權術，的傳王學。

陸稼書作學術辨三篇攻王學，未免門户。

卓吾李氏，出乎規矩外，戒之。

整庵辨楞迦。

嘉靖後皆王學，薛中離潮州人，請入聖廟。

心齋之學大行，故東林出而矯之。

顧憲成專講氣節，東林學案當先讀。

王龍溪、即心齋。羅近溪數輩當擇出。

顧亭林、陳宏謀亦余毅齋之學也。

何柏言變化氣質，黄文裕言禮，與白沙同時。邱瓊山言治，大學衍義一書見之，然未免狹隘，如攻白沙是也。

東林之後，氣節盛而學問疏，故蕺山矯之以誠意慎獨。

開本朝風氣者，張天如復社之功。天如年三十六，聚衆十三萬人。

明人學問疏陋，嘉靖前朱學，其後王學。

明人講心學，故多氣節，與後漢南宋相埒，本朝氣節掃地，不講心學也。

明人氣節，明史不甚發明，以修史多明舊臣，雖有一湯文正，亦無能爲力。

孫夏峰、李二曲皆王學。

亭林集與人書二十篇，可讀。

日知録中卷激昂氣節，最好。

梨洲結明學之終，開國朝學之始，學問精博過於顧。

王夫之終身不剃頭，發揮正蒙及通鑑，論甚精，以心學王儒轉而爲經學之師。

毛西河口辯甚好，文章亦佳，至攻朱子，則見其不自量。

二陸、二張宗朱學，稼書攻陽明，褊矣，桴亭勝於稼書。

國朝學案小識分傳道、守道、翼道，謬。

李安溪實老學，其託朱學者，媚高祖耳，甚有權術，亦多可采之論。

康熙之世皆朱學，後方望溪宗朱學而兼文章，其禁酒之説，貽笑當世，蓋迂儒也。然謹守禮學，桐城化之，其云以歐、韓文章發程、朱義理，誠是也。至能疑周禮，亦卓見。

乾隆之世，戴東原專言小學，弟子段金壇、王引之揚其波，而風氣一變。

王引之經義述聞、讀書雜志可看。

俞樾是王引之之學，古書疑義舉例可看。

本朝戴學集漢學大成，錢辛楣、紀曉嵐未能與之争也。

汪容甫詞章佳，經學謬。

江藩人品甚劣，所著國朝宋學淵源記，左袒漢學，於宋學則收其劣者。爲諸生時，阮文達延之修廣東通志，賄賂風行，然其挾文達之私書，文達無如之何也。

段金壇爲巫山令，貪劣特甚；孫淵如爲山東糧道，受賄三四十萬。可知漢學家專務瑣碎，不知道理，心術大壞，若從宋學入手斷無此事。

東原晚年自悔曰：平日讀書至此都不復記憶，乃知義理之學足以養心。

許長於訓詁，鄭長於名物。嘉、道間，二家學極盛。

音韵之學始於亭林。

道光後專講八股，又講蒙古之學。蒙古游牧記、朔方備乘、西域地理、藩部要略等書大行。

廉耻壞於乾隆，風俗靡於道光。

咸豐亂離之後，無學者。

同治時，曾、左、胡、林等頗言經世之學。

道光以後，上無禮下無學，賄賂風行，垂至於今。

國朝知公羊者，劉逢禄、陳立人、凌曉樓數人而已。

朱九江先生以四行五學教人。四行者，惇行孝弟，崇尚名節，變化氣質，總攝威儀；五學者，經、史、義理、掌故、詞章也。

朱子學行至康熙，乾隆以後韻學大行。

詞章讀周、秦諸子、史、漢便佳。

明儒每少年作八股，中進士後言心學。

黄文裕謂，漢武立博士，伏生、孟喜、毛公。文裕以博稱，而空疏如此。

張天如博學，有宰相才，主持清議。郭有道未足比也。

晚明之名士，四公子、二秀才，皆復社英流。

復社者，開東林心學之宗，倡本朝考據之始也。

本朝四大儒：李二曲、顧亭林、孫夏峰、黄黎洲。

開本朝學派者，黄、顧二先生。

顧亭林幾於朱子，但所養頗淺，謂孔子不言心學，蓋亦有激之言。

黄黎洲，吕東萊之比也、顧亭林，陳止齋之比也。

亭林入本朝廿八歲，蓋明亡始讀書。

李二曲謂孟子名士非大儒，謬。

顧亭林於九經三史略能上口。

孫夏峰在東林有盛名，入本朝顧、黄皆不及。

湯潛庵，本朝之司馬温公也。純粹而氣魄少，不及温公。教太子，無所表見。

李二曲心地光明，又檢點言行，第行高而學未融。

康熙前學分三派：一承東林之餘，一復倡朱學，一考據。

乾隆後專尚考據，王學滅盡，朱學亦微。乾隆己丑科，考據盡出於此，王西莊、紀曉嵐、錢辛楣等。

晉書已無經義，史裁亦乖；宋書後，文亦不足取矣。

穆書篤守金仁山、許白雲之學，專攻陽明，以爲通內，監盜軍餉，太褊淺且謬。又稱道主司不休，亦未能免俗。

朱學以之檢點言行甚好，而流弊多爲鄉愿。

李文貞博於學，而心地未光明。

漢學以阮芸臺爲最。

康熙間大學士皆朱學，而氣節不光。

人才以聖祖時爲盛。

明末謭陋，至東林始倡讀書。

朱學而兼讀書經世之學，氣節又光大者，康熙朝以望溪爲第一人，李穆堂亦相似。

桐城古文派皆尊望溪。

三惠開本朝漢學之宗，康熙間巨子也。

算學以梅文鼎爲最。

地理顧祖禹。

首攻朱子者閻百詩、毛西河、朱竹垞三人。古文尚書可觀，西河集亦可。

書舜典僞，至陟方乃死一篇。

甘誓、牧誓、太誓、微子之命、太甲三篇、説命等俱僞。禹謨王肅僞。

何義門八股頭人。

朱子年譜甚好，能發揮朱學。

王學質疑直看。

乾隆時，戴、紀、錢皆攻朱學。戴東原廿九歲至京師講説文。〔按，原稿「戴東原」之「戴」字下有三字不清，可能爲誤筆塗去者。〕

東原有考工記圖説，江慎修其師也，極博，而康熙間布衣，故不顯，有禮綱目。戴、紀等亦不能與江比。

學則不固，固當作固陋解爲是。古人固字鮮以堅字解者。

隆、慶後學派：一禮學，一聲音訓詁。

乾、嘉時言朱學者不能容於世。

陷溺本朝之人心，誣罔本朝之風俗者，戴東原也，而本於紀昀。

朱竹君有才有節，漢學家之好人也。

廣東經學，惠士奇開之。

顏習齋之學，節儉寡慾，苦身體竭力事親。

顧、江、錢、戴、段、惠皆漢學，實歆學也。

今以許、鄭配程、朱。

孔巽軒爲穀梁學，其公羊通義攻王魯之説謬。

道光間多言小學，段氏説文大行，時大臣少讀書者。

同治間曾文正爲相而中興。

嘉慶七年，廣東始有説文。錢辛楣弟子馮禺山帶説文來。

阮文達創學海堂，始知經學。

朱九江博實敦大，內之修身，外之講求經世，宋、漢學皆精。

凡蒙古述朱學者，皆許魯齋弟子也。延祐六年立學，皆許魯齋之功。魯齋之於朱子，猶荀子之於孔子也。

正蒙

正蒙爲宋儒第一篇文字。

精深莫如正蒙，博大莫如西銘。

王船山發揮正蒙甚好。

太極圖說、通書，識仁定性皆好，皆出自繫辭。

議張子者，一謂近墨氏兼愛，其云民同胞，物同與，以爲近佛氏之愛物。就張子論之，其與墨子尚同、兼愛二篇相同，不必回護，然皆孔子所有也。

張子未有言差等，故近墨。

墨與孔異者，全不在兼愛上，孟子以兼愛攻之，尚未得窮。

「天地之塞」，「吾其體」二語最精，此說佛氏頗有此境。然佛氏以影，張子以理。

宋儒文章皆從己出，未必有所本。

宋儒有從佛者，則以幻爲性；有從儒者，則以氣相通爲性。

列子之鮑焦，亦發揮同類之說。

佛不能行於印度，不能滅婆羅門。西夷之僧，有妻食肉。聖人之道，必要諸行，佛道難行故也。

〔按，「西夷」原作「西妻」，據意改。〕

程子謂佛逆天。

孔子宗旨在仁，佛亦號能仁，聖人言大生廣生，佛言衆生。

存吾順事，即攸好德；没吾寧也，即考終命。

夜寢，塗花人面，人卽死，亦有至理，魂不能認魄也。

程子言天道，不如張子言天人。宋儒深造獨得者，莫如張子。

正蒙之言聚散，卽佛氏一切有爲法，如夢幻泡影，如露亦如電之意，孔子知此理而不言。

太虛不能無氣，此語精絕。

通書

周子最能發出機字。

孔子專言中，過猶不及，言中也。

易言中爻。

盡天下人，不外剛柔。

柔而立。

金剛水柔。

儒以思入手，佛以想入手。

洪範思曰睿，管子謂思之思之，鬼神來舍之，中庸愼思之，詩思無邪，孟子思之則得之。

孔子言有欲，周子言無欲，各名一是。

以誠爲祖，以無欲爲宗，以幾爲用，以靜爲止，通書之旨也。

中庸、繫辭似出子思一人手筆，周子通書卽從此出。

中庸專發誠字。周子言，誠者聖人之本，大哉乾元，萬物資始，誠之原也，極精。

易乾道變化，各正性命，甚精。周子首章能拈出。

周子言，純粹，至善也。至善二字，非聖人本意，得之於佛與孟子。

幾善惡，幾字甚精。

周子誠實、光明、勇猛。

静無而動有，此句不妥，静亦在有之中。誠無爲二句甚精。

寂而不動，誠也；感而遂通，神也。如莊子所言，孔子爲神人。

仁義便是中正，中正安能離得仁義，四字未妥。

思曰睿，今文作思曰容。

禮先樂後，精粹之言。

教衆人要有欲，教學者要無欲，其道不同。

通書主静，與太極同。

朱子之學得諸程子，程子之學得諸周子。